Conselho Editorial

Beatriz Olinto (Unicentro)
José Miguel Arias Neto (UEL)
Márcia Motta (UFRJ)
Marie-Hélène Paret Passos (PUC-RS)
Piero Eyben (UnB)
Sergio Romanelli (UFSC)

Dog

L'Accademia
cotidiano do cloro

crônicas do anti-heroísmo do
esporte amador

Parte II: Natação

EDITORA
HORIZONTE

Copyright © 2016
Dog

Editora
Eliane Alves de Oliveira

Diagramação
Book Antiqua 12/15

Revisão
Marilu Maranho Tasseto

Imagens de miolo e capa
Paulo Branco

Impressão
Gráfica Santuário, julho de 2016

Papel
Pólen 70g

Grafia atualizada segundo o Acordo Ortográfico da Língua Portuguesa de 1990, que entrou em vigor no Brasil em 2009.

Dados Internacionais de Catalogação na Publicação (CIP)

L'Accademia: cotidiano do cloro / Dog. – Vinhedo, Editora Horizonte, 2016.

ISBN 978-85-99279-75-5

1. Literatura – Natação 2. Literatura – Periferia 3. Literatura – Humor.

CDD 800

Editora Horizonte
Rua Geraldo Pinhata, 32 sala 3
13280-000 – Vinhedo – SP
Tel: (19) 3876-5162
contato@editorahorizonte.com.br/www.editorahorizonte.com.br

*Para a Luciana, o meu amor,
que há mais de vinte anos sente o cheiro do cloro
quando volto do cotidiano.*

*Para o Possmoser,
amigo cotidiano,
do cloro
e da vida.*

*Para meus pais, que, na sua simplicidade,
construíram um tanque
que chamávamos de piscina
e acabou sendo onde tudo começou.*

*Para os que nadam sem um pódio a esperá-los.
Os que dão braçadas em represas,
córregos, riachos, enfrentam enchentes.
Os sem-medalha. Este livro é para eles.*

Se algum dia alguém deixasse de me achar ridículo,
eu entristecia ao conhecer-me,
por esse sinal objetivo,
em decadência mental.
Fernando Pessoa

Dois homens olharam através das grades da
prisão: um viu a lama; o outro, as estrelas.
Santo Agostinho

Sumário

Foco e humildade, por Felipe França, 9

Muito além de qualquer resultado, por Raquel Viel, 10

A competição, 11

I. *As origens do meu amor pelo cloro*, 15

O esporte e eu, 17

Ele é um corintiano!, 21

Anti-heroísmo do futebol amador e o Cosmos de Guaianases, 27

David Bowie, 31

O campo de trincheiras, 33

Contra os monstros do Ultraman, 39

As origens do meu amor pelo cloro, 47

II. *L'Accademia e o cotidiano do cloro*, 53

Os caminhos até a Accademia, 55

Eros, o deus do amor da Accademia, 59

A maldição da Hidra, a implacável, 63

*Héracles: simpático, desejado e musculoso
(e outros tipos bacanas na Accademia e fora dela)*, 73

*Dias de glórias (poucas) no cloro da Accademia
e nos de outras piscinas*, 83

*Declínio e fim do cotidiano do cloro
e da Accademia*, 89

*O clímax da competição e a saudade
que ficou da Accademia*, 93

Foco e humildade

Nos primeiros contatos com o cloro mais perdia do que ganhava, não era fácil. Mas fui sempre evoluindo. Com 17 anos, no Pinheiros, comecei a ver que dava pra chegar longe e buscar Mundiais e Olimpíadas. Em Pequim, aos 21 anos, fiquei na 22ª posição. Foi uma experiência ótima e me estimulou a evoluir ainda mais. Entretanto, nos Jogos Olímpicos de Londres esperava conquistar medalha, porém, acabou não acontecendo. Me decepcionei, mas a vida é assim. Tive de voltar aos treinos e me focar nos próximos torneios porque sabia que tinha potencial para chegar na medalha. O mais importante era ter foco e humildade para percorrer esse caminho e, assim como Dog nos campeonatos da L'Accademia, respeitar aqueles que estavam ao meu lado. Não precisamos ser os melhores, precisamos fazer nosso melhor. A grande virada veio em 2014, com cinco medalhas de ouro no Campeonato Mundial de Piscina Curta, disputado em Doha, no Catar. Achei que ia chorar mais com tudo isso que aconteceu, mas acabei não chorando tanto. Foi uma correria grande essa competição, nadei cinco provas e fiquei muito feliz com o meu resultado e o do Brasil.

Felipe França
Nada pelo Corinthians, é atual recordista sul-americano em nado de peito 50 metros, piscina longa e curta, conquistou 12 medalhas de ouro, 2 de prata e 2 de bronze em campeonatos mundiais e pan-americanos.

Muito além de qualquer resultado

Com nove anos aprendi a nadar na escolinha de natação do Rocinhense, na cidade de Vinhedo, onde nasci e moro até hoje, mas só em 2007 entrei para natação paraolímpica. Até 1997, participei de alguns campeonatos regionais e parei de nadar. Dez anos depois voltei para a piscina, mas foi em 2010 que comecei a nadar forte. Desde então, sou recordista brasileira, pan-americana e das Américas. Nadei em Londres 2012 e me classifiquei para o Rio 2016.

Para mim, a natação vai muito além de qualquer resultado, medalha ou recorde que já conquistei. A natação me deu independência, confiança, alegria e amigos. Vou levar por toda minha vida o aprendizado e os desafios superados no esporte.

Um dia, fui para uma competição na Argentina e, durante o evento, quebrei justo o dedo que usei a digital para entrar no país. Na volta, com o dedo inchado, o aparelho não conseguia ler a digital, e mesmo com todos os documentos, deu o maior trabalho para sair do aeroporto. Apesar da canseira, quando tudo acabou e consegui voltar para casa, dei boas risadas pelo cômico da situação. Esses desafios dentro e fora das piscinas fazem parte do cotidiano do cloro, e Dog conta uma porção deles dentro e fora da L'Accademia.

Raquel Viel
Competidora paraolímpica na classe S12, nada pela Prefeitura de Vinhedo. Em toda sua carreira – dos campeonatos regionais aos mundiais –, conquistou centenas de medalhas. Das competições mais importantes guarda 1 medalha de ouro, 3 de prata e 3 de bronze.

A competição

"Preparar."
Subo, me posiciono e curvo o corpo. Penso: "Tudo bem se eu não nadar legal hoje, estou com o pé machucado... Meu Deus, quanta gente... Não olha pros lados, seu mané!, quer amarelar?"

Mais uma vez, eu não encarei nenhum competidor, sabia, antecipadamente, que a prova seria disputada por oito nadadores. Quando pisei no pedestal de mergulho, senti uma dor forte no pé – talvez uma das bolhas tivesse estourado...

Academias de natação e/ou de musculação, quase sempre, são arrojadas, muito bem equipadas, bastante frequentadas por gente bonita, alegre. Vão lá pra manter o físico na estética; também vão pra paquerar, pra ver outros belos corpos e, sobretudo, pra se mostrar e causar sensação.

Geralmente, os locais voltados à prática de atividades físicas são enormes, *high tech*; verdadeiros templos modernos em tecnologia aplicada ao exercício e arquitetura empregada à exposição – são ambientes envidraçados pra quem passar nas ruas poder ver, admirar e invejar a beleza exposta de seus frequentadores em genuínas vitrines vivas.

Sim, muitas das academias atuais são assim. Mas, tempos atrás, houve uma escola de natação e de musculação diferente. Eu a frequentei por mais ou menos sete anos. Estive lá com o Possmoser, o amigo da dedicatória deste livro e que vocês, leitores, vão conhecer caso continuem a dar atenção às próximas linhas deste relato.

Façamos um trato. Aqui nas nossas memórias, eu vou chamar a escola de: **L'Accademia**. Ela ficava na zona leste de São Paulo, num bairro próximo do centro da cidade, e era bem distinta da modernidade mencionada: um local mais simples, não havia grandes vidros pra expor a área de musculação. Assim que chegamos, notamos um leve ar de decadência. E isso foi piorando com o passar do tempo. Mas nunca demos tanta atenção pra ordem das coisas. Sempre soube – até porque também já passei por fases assim – que pessoas, bairros, cidades inteiras, às vezes; instituições, governos, enfim, todos, na vida, já passaram por pelo menos uma fase de decadência – aquele momento em que, devido a tudo parecer sair diferente do planejado, nos sentimos perdidos. Mas é nesse mesmo período difícil que, se abandonarmos a vaidade e dermos espaço pra uma lucidez crítica, repensaremos convicções, aceitaremos as nossas deficiências, as superaremos ou sucumbiremos a elas.

Conforme aprendíamos a nadar da maneira tecnicamente correta, nos divertíamos com a deterioração da Accademia, mas fazíamos isso sem zombar dela. Sabíamos que nossa postura não seria suficiente pra restaurar o lugar, requalificá-lo. Nossos dias lá estavam contados, apesar de parecer que nunca chegaria o fim definitivo. Assim, ríamos com os empregados da casa, sofríamos com eles quando isso era inevitável e, a partir do momento em que aprendi que um pouco de decadência não é mortífero, e mesmo não tolerando passivamente as coisas saírem da ordem, claro, temos de admitir que nem tudo precisa ser perfeito, asséptico, neutro e sem alma. Nesse instante, eu acolhi no meu coração todas as dificuldades da Accademia e fundi a decadência dela à minha própria decadência. Foi quando passei a amar o lugar. Possmoser, eu e todos os habitantes destas linhas aprendemos a nadar lá. E fomos muito felizes. E nos divertimos bastante numa época chamada por mim de *o cotidiano do cloro*.

I. As origens do meu amor pelo cloro

> *A espiritualidade começa com uma reverência pelo que é ordinário, que pode nos levar a* insights *e experiências fora do ordinário.*
>
> Sam Harris

O esporte e eu

Na Rádio Unesp, com o meu amigo Oscar D'Ambrósio: "Vamos falar hoje aqui no nosso programa *Perfil* com o escritor Dog, que está lançando o livro *Sem chuteiras e sem unhas: joguei no pior time do mundo*. Prazer te receber aqui na rádio de novo. E vamos começar falando desse projeto. Como foi escrever sobre o tema futebol? É um assunto que sempre te interessou? Pra mim, foi uma surpresa."

"Oscar, primeiramente, muito obrigado pela oportunidade de vir novamente aqui ao seu programa. Todos os meus livros, quando os lancei, vim aqui conversar na Rádio Unesp. Vamos lá, agora, ao tema futebol. A ideia surgiu por volta de 2006. É o primeiro livro que eu faço sobre esporte. Muita gente estranhou e veio perguntar: 'Por que esse livro? Você nem parece que gosta de futebol'. Eu gosto, sim, mas sou discreto. Por exemplo, eu torço pro Corinthians, mas tem gente que nem sabe de tão sossegado que sou com o assunto. Acompanho os campeonatos sem me dar arroubos de paixão. Enfim, tenho temperança com o tema. Voltando ao livro. Ele é de crônicas que, juntas, formam uma história completa. Como falei, lá por volta de 2006, eu já havia escrito todas as narrativas e as divulgado apenas a amigos mais chegados. O pessoal estranha eu ter feito o volume sobre futebol, mas eu sempre pratiquei esportes desde criança. Quando minha família veio aqui pra São Paulo, pro bairro de Guaianases, meu pai construiu uma piscina de improviso. Imagina só, Oscar, ele, em vez de cavar um buraco, levantou muros e fez uma espécie de tanque todo de azulejos por dentro, bonitinho até. A gente enchia de água, tratava com produtos químicos, cloro, essas coisas, pra preservar. Então, desde bem pequenos, minha irmã, eu e um monte de amigos da vizinhança nadávamos. Claro, a gente não fazia isso corretamente, com técnica e tal, mas era, pra todos os efeitos, um tipo de prática esportiva bem primitiva. Além do tanque, eu jogava futebol no campo de várzea do Jardim Helena. Essas histórias é que estão no livro. Fora isso, jogava pingue-pongue. Fui muito bom, cheguei até a pegar segundo lugar num campeonato caseiro entre amigos da vila. Joguei xadrez durante bastante tempo – isso até é citado no livro do futebol porque foi na mesma época. Enfim, Oscar, desde longa data a prática de esporte está comigo. Eu ainda nado e corro faz uns vinte e poucos anos. O *Sem chuteiras* fala dessa época de jogos no bairro. Ele mostra o meu time de amigos naquela infância boa lá em Guaianases."

"Você me adiantou, em outra ocasião, que esse livro faz parte de um projeto que será uma trilogia sobre esporte amador. Então, teremos mais dois livros. Conta um pouco disso pros ouvintes."

"Sim, eu pretendo lançar mais dois títulos. Já no primeiro, o que acabou de sair, isso é dito na orelha do volume. Eu dei à série o nome de *Crônicas do anti-heroísmo do esporte amador*. A primeira parte, todo mundo já sabe, foi futebol; a segunda parte será natação; e vou fechar com a terceira que será corrida urbana."

"Esses textos já estão prontos?"

"Sim, todos já existem há uns anos. O mais recente é o da corrida urbana, que terminei em 2013. Claro, tenho de reescrever antes de publicar cada um."

"E as outras aventuras? Fala um pouco sobre as da natação, que será o próximo volume."

"Eu comecei a nadar em escola há uns vinte anos. Inicialmente, com um amigo meu, o Possmoser, numa academia na zona leste. Hoje em dia, eu nado sozinho numa escola aqui no Centro e perto da Unesp. Mas a primeira experiência, a do bairro, é a que baseia o projeto. Tinha umas histórias bem engraçadas por lá."

"Histórias engraçadas numa academia? Dá um exemplo. Agora, vou te provocar. Conta alguma história."

"Ah, que bom que você pediu isso. É que aconteceu uma ontem e nessa academia onde nado agora, essa que eu disse que é aqui perto. Claro, não está no projeto do próximo livro, mas eu fiquei com vontade de dar um jeito de incluir nele. Então, pela manhã, quando fui lá nadar..."

Ele é um corintiano!

Não sei o nome dele, mas o chamo de Ítalo. Ele frequenta a mesma academia onde eu nado regularmente. Nunca o vi na piscina. Penso, então, que o sujeito prefira outra modalidade de esporte: futsal, basquete, musculação – enfim, temos todas essas opções e outras tantas aqui na escola; ele pode muito bem praticar qualquer delas ou até mais de uma.

Eu o conheço apenas de vista. Ítalo é um senhor de uns sessenta anos (a academia atrai muita gente dessa faixa etária). Sempre cruzamos caminho na área das duchas coletivas ou na dos armários, tudo ali no vestiário.

Sei pouco, quase nada, a respeito do cara. Somente que é italiano (ou descendente). É meio evidente porque ele possui todas as características de alguém do país da bota: tem o marcante sotaque da Itália, fala alto, é divertido, brincalhão, gargalha aos montes, troca vocábulos em português por equivalentes na língua do Dante. Duas informações finais que colhi de outras vezes em que o vi: (i) ele é palmeirense; e, obviedade resultante disso, é alguém que: (ii) odeia o... Corinthians... time pro qual eu torço...

Sempre vejo muitos frequentadores da academia discutindo futebol. Sejam eles torcedores de que time for, estão lá, batem boca, defendem seus brasões, xingam técnicos e árbitros, provocam colegas torcedores de clubes rivais. Foi numa vez dessas que descobri que Ítalo é palmeirense – algo previsível, convenhamos. Como todo bom verdão, nosso camarada italiano, não podia deixar de ser, odeia o Coringão:

"Ma che cazzo di squadra di ladri c'è Corinthians!"

Nunca me manifesto perante tais discussões. Há poucos corintianos ali e não é somente o Ítalo que odeia o Timão. Na verdade, defendo a tese de que todo mundo que não torce pelo alvinegro parece odiá-lo. E não existe maneira mais notável de expressar tal desprezo do que xingar... os... torcedores do Corinthians. É o Ítalo falando, olhem só:

"Time de sem-vergonha, analfabeto, ladrão, criminoso. Tutti ladri! Tutti gambá, una banda criminale, una camarilla!"

Sim, creio que a raiva que os não corintianos têm da equipe do Parque São Jorge é até maior que o amor que cada um tem pelo respectivo time.

Recentemente, fui até a academia na parte da manhã, nadei e, na saída, passei obrigatoriamente pela parte das duchas coletivas. E adivinhem quem por lá estava? Sim, Ítalo. Tomava banho e conversava animadamente com outros colegas, uns sete caras por ali.

O palmeirense terminou a ducha antes de mim. Desligando o chuveiro, pegou a toalha, o sabonete e o xampu e foi se enxugar e se vestir na área dos armários. Eu fiz o mesmo e, pra minha surpresa, vi que Ítalo estava mexendo em um armário do lado do que eu deixara minhas coisas. Quando cheguei, ele já havia aberto o cadeado e espalhado seus pertences no banco de madeira que fica em frente aos armários. Pôs ali a toalha molhada, a *nécessaire*, da qual havia retirado o xampu e a saboneteira que acabara de usar no banho. Deixou, também, o cadeado, o desodorante e a mochila. Eram tantos os itens que quase não tive espaço pra pôr as minhas coisas.

Então, peguei a minha mochila e fui improvisando o tira e põe de objetos. Fazia isso sentado ao lado das coisas do palmeirense. Enquanto isso, Ítalo permanecia de pé, virado pro armário aberto e de costas pra mim. Os demais sujeitos que há pouco tomavam banho espalhavam-se pelos armários do outro corredor. De repente, ouvimos:

"E aí, corintiano!, tudo bem?"

Este que entra em cena é El Maestro, um dos instrutores da academia e um dos poucos corintianos que conheço na escola. Ao ouvir a provocação, o italiano revida:

"Ma che cosa, tá me achando com cara de gambá?"

Ao dizer isso bem alto, os outros caras, mesmo do lado oposto ao nosso, ouvem tudo e gargalham. El Maestro replica:

"Ah, é o senhor... Desculpe", ri. "É que o senhor, no fundo, no fundo, tem é cara de corintiano mesmo..."

"Sei matto? Bebeu logo cedo, hoje?"

Ambos se cumprimentam com um aperto de mão. Claro, os dois se conhecem bem e a rivalidade não avança a barreira do pitoresco de brincadeiras banais.

"Mas que o senhor tem jeito de corintiano, ah, isso tem", El Maestro volta a provocar.

"Nuovo? E por acaso eu tenho cara de bandido?", contesta o italiano enquanto ouvíamos, vinda do outro lado, a risadaria geral dos demais.

Permaneci em silêncio, um quase invisível que se divertia por dentro, contendo com discretos sorrisos uma gargalhada que gostaria de irromper, tamanha sociologia futebolística.

Num dos movimentos que fiz com o corpo pra me virar e pegar algo dentro da minha mochila, descubro um pequeno chaveiro do Corinthians. O coitadinho havia quebrado (bem no suporte que o prendia ao zíper da mochila) e eu passei a carregá-lo dentro de um dos bolsos. Peguei o pequenino e... deu-me um estalo... Tive uma ideia... Discretamente, enquanto Ítalo mantinha-se de costas pra mim, gesticulei pro El Maestro. Ele viu. Fiz uma espécie de mímica, logo assimilada pelo instrutor da academia, que passou a distrair ainda mais o palmeirense.

Dei passos sorrateiros na direção das coisas que Ítalo pusera no banco e, bem ao lado do desodorante, depositei o chaveirinho corintiano. Depois disso, à distância, chamei El Maestro com gestos. Ele diz pro Ítalo:

"O senhor me dá licença, corintiano", provoca ainda mais o italiano.

El Maestro vai até mim deixando pra trás o esbravejado palmeirense:

"Ma che diavolo! Já te disse que não sou fedorento, que tomo banho!"

O instrutor se aproxima de mim. Eu faço um gesto na direção das coisas do italiano. El Maestro assusta-se ao ver o chaveiro do Coringão. Imediatamente, tudo fica compreendido e o professor da academia diz baixinho:

"Vamos aplicar o flagrante, agora, beleza? Chama os outros caras lá e quando chegarem, eu dou a sentença de morte. O italiano vai ficar puto...", ri baixinho.

"Pode deixar", eu acato e logo vou saindo na direção dos demais.

Ítalo, falando pelos cotovelos e ainda de costas pra nós, nem percebeu quando aquele bando de marmanjos, só de toalhas enroladas na cintura, se preparava pra armação. Finalmente, quando o palmeirense se virou, arregalou os olhos ao nos ver, todos em frente às coisas dele, como a velar um defunto.

"Ma che prostituzione questo? Que porra vocês tão fazendo aí?"

Ninguém consegue conter o riso no momento em que El Maestro anuncia a miséria do italiano:

"Você não é corintiano, né? Bonito, hein! E esconde de todo mundo, seu enrustido. Olha aqui a prova!", saca o chaveirinho, ergue o objeto bem alto e o balança no ar pra que todos vejam. "Contra fatos não há argumentos. O senhor é um baita dum corintiano!"

Todos caem na risada. Ítalo, desesperado, tenta pegar o chaveiro:

"Dammi questo merda! Quem foi o desgraçado, infelice, stronzo, imbecile?"

El Maestro desviava-se do palmeirense como um toureiro que, em vez de um pano, balançava o meu chaveirinho. Enquanto isso, eu conclamei os demais a cantarem, no mesmo ritmo daquela música "Ele é um bom companheiro, ele é um bom companheiro...":

"Ele é um corintiano, ele é um corintiano..."

Ítalo acabou por pegar o chaveiro e o jogou no lixo.

"Dannazione... Vou ter de limpar a mão com álcool..."

Eu fui até o cesto e recuperei o chaveirinho. Acabei por me autodenunciar:

"Então foi você o meliante, um corintiano bem ao meu lado o tempo todo... Questo posto malo frequentato!"

Acabamos os dois conversando descontraidamente. Ele não abria mão de me provocar como corintiano. Contou umas duas ou três piadas que associavam os torcedores alvinegros ao crime, ao analfabetismo e tal. Eu não reagia. Dava gargalhadas, incentivando-o a prosseguir. A esta altura, o instrutor da academia já havia ido embora. Eu começo a fazer o mesmo. Com as coisas arrumadas, dou tchau pro palmeirense. Quando estou quase na saída, ele me chama:

"Ei, rapaz!", diz e eu me volto pra ouvir. "Essa sua pegadinha... tenho de admitir... bem... foi muito esperta. Você tem jeito de inteligente, apesar de corintiano. Devia mudar de time, vir pro nosso lado. Bom, precisava morrer e nascer de novo, né? Faça isso e volte palmeirense!", gargalha.

Eu não aguento e digo, também entre risos:

"Rééé... Por quê? Não tem ninguém inteligente na sua arquibancada?", e mostro a língua.

Ítalo passa a me xingar e atira o sabonete na minha direção. Eu desvio e saio correndo. Deixo pra trás um monte de palavrões em italiano.

Ele é um corintiano!

Anti-heroísmo do futebol amador e o *Cosmos de Guaianases*

Esse episódio do Ítalo, como eu contei pro Oscar, passou-se na escola onde nado atualmente. É uma crônica recente, portanto. Vamos voltar a essa academia ao longo do livro, mas o cotidiano do cloro, a fase que mais me interessa lembrar, ocorreu muito tempo antes. E as origens do meu interesse por nadar, que chamarei de *As origens do meu amor pelo cloro*, aconteceram há mais tempo ainda e quando eu era moleque. Isso eu também meio que expliquei pro Oscar na entrevista. Vou detalhar esse tempo bom da minha infância. Só que antes...

Anti-heroísmo do futebol amador. Acho que foi isso mesmo o que vivemos naquela minha juventude em Guaianases, quando jogávamos no terreno em frente de casa. Sem chuteiras ou tênis, os jogos foram, primeiramente, contra o time do Manos de Cima, do nosso rival Manivela, um magrelo doente, de pernas sempre enfaixadas pra cobrir feridas profundas. Depois, ao unirmos nossa equipe à do Manivela, e agregar mais dois novos jogadores, enfrentamos um time muito forte, o de uns caras da Cohab II. A peleja teve fim desastroso (pro nosso time, claro). Poucos de nós tinham talento com a bola. Pequeno e Formiga, os dois últimos a entrar pro coletivo eram bons jogadores, mas logo se frustraram e desistiram de nós. Formiga foi o primeiro a abandonar o nosso barco furado. Em pleno jogo, de tanta raiva do nosso desempenho, marcou um gol contra de propósito, virou as costas pra nós e foi embora do campo. Já Pequeno, bem que insistiu um pouco; jogou mais algumas com a gente, nas partidas de volta contra o time do Manos de Cima, mas acabou parando. Quando nos cruzávamos lá no Arthur Neiva, a escola onde estudávamos, Pequeno desconversava sempre que o convidávamos pra algum jogo. Fora esses dois, o único que jogava bem era o Astro, meu vizinho. O restante dos boleiros era tudo um bando de pernas de pau sem talento: Tropeço, que só sabia chutar forte; Chute Cruzado, que era assim conhecido por ter as pernas tão tortas que, na hora de chutar a redonda, ela ia sempre pros lados opostos aos planejados; Quatro Olhos, que usava óculos durante os jogos porque enxergava mal, além do que, se ficasse sem eles por um tempo, os olhos entortavam; finalmente, eu, que só sabia cabecear bem, mas era péssimo em todas as demais habilidades requeridas de qualquer jogador minimamente preparado pra entrar na várzea.

Depois da tragédia do jogo contra os caras da Cohab II, e apesar das desistências do Formiga e do Pequeno, nós insistimos e jogamos muitas vezes mais. Chegamos até a começar a uniformizar a equipe. Compramos umas camisetas, escolhemos um brasão de um time estrangeiro (o Cosmos), mas a ideia não foi pra frente. Primeiro, porque o time dos Manos de Cima não tinha dinheiro pra uniformes e, como aquele era praticamente o nosso único adversário, a gente pensou que se investíssemos em camisetas e emblemas, na hora de jogar, teríamos de abdicar das vestimentas pra não constranger e irritar nossos oponentes. Outra explicação pro projeto não ter vingado foi a turma do Manivela. É que os parceiros do magrelo foram simplesmente sumindo. Um a um, os caras desapareciam. Quando a gente perguntava o que tinha acontecido, Manivela respondia laconicamente: "Dançaram todos". Por fim, outra razão pro malogro do nosso iminente *Cosmos de Guaianases* foi interna ao nosso time. É que muitos de nós passaram a ter menos tempo pra jogar. Tropeço, por exemplo, começou a trabalhar de pasteleiro em feiras livres. As jornadas dele eram de terça a domingo – no batente das cinco da manhã às duas da tarde; folgas, somente às segundas-feiras. Astro passou a ajudar o pai dele no salão de cabeleireiro, o negócio da família. Com mais tempo livre, restaram somente eu – que, apesar de dar uma força pro meu pai no açougue, sempre achava um jeito de organizar os jogos –, Chute Cruzado e Quatro Olhos.

Pra bater uma bola, vivíamos procurando, na escola, outros jogadores. Também insistimos com o negócio de uniformizar o time. Mas o assunto foi se diluindo pelos dias e desistimos de vez da ideia. O Chute Cruzado me garantiu que ainda guarda com carinho o brasão do Cosmos, como nostalgia daqueles tempos de boleiros canastrões.

Depois de agonizar por mais algum tempo, o time foi extinto. Eu só voltei a campo poucas vezes mais. Uma dessas ocasiões ocorreu após a escolha de alguns novos jogadores pra atuar num terreno baldio onde improvisaram uma arena sem-vergonha. Foi lá que, pela última vez, viveria uma experiência de anti-heroísmo do futebol amador...

David Bowie

"Meu, esse moleque é a cara do David Bowie!" Na época em que o Quatro Olhos exclamou pra mim a frase acima, nós dois éramos iniciantes no gosto pelo *rock in roll*. Eu já havia comprado uns poucos discos de bandas de que gostava – tudo com o dinheiro que meu pai me dava por ajudá-lo no açougue. No futuro, eu viria a ser colecionador de música, construiria um expressivo acervo audiovisual e bibliográfico sobre o universo *pop* nacional e internacional.

Meu amigo dos olhos que entortavam avançou muito mais que eu. Nos anos seguintes, aprendeu a tocar guitarra, formou uma banda e com ela gravou *demos*, tocou ao vivo em todo tipo de oportunidade que teve; chegou a se apresentar num programa da TV Cultura. Quatro Olhos se dedicava com tanto afinco ao *rock* que me lembro de, no meio da década de 1980, ele ter ido comigo a um *show* do Violeta de Outono e ficar analisando como os músicos do grupo tocavam. Tudo era uma forma de aprender coisas novas e aperfeiçoar a sonoridade que ele perseguia.

Mas isso seria no futuro. Ali, no momento em que Quatro Olhos pronunciou o nome do camaleão do *rock*, estávamos apenas no alvorecer da trajetória que trilharíamos como apreciadores de boa música. David Bowie? Na idade em que eu me encontrava, ainda não tinha nenhum disco dele. O cara viria a se tornar um dos meus ídolos, mas nos tempos em que jogávamos sem chuteiras, o já astro inglês povoava o meu imaginário, não a minha vitrola. O máximo que conseguia fazer era ver o roqueiro nos videoclipes que passavam nos programas de televisão em uma época pré-MTV. Mas isso era suficiente pra que eu fixasse a imagem do cantor e, facilmente, pudesse concordar com Quatro Olhos quando ele disse surpreso:

"Meu, esse moleque é a cara do David Bowie!"

Nós o conhecemos durante uma aula de educação física. O sujeito lembrava mesmo o camaleão. Era magro, alto e o cabelo loiro parecia bastante o do roqueiro na fase *Let´s dance*. Assim, nós o apelidamos, dali pra frente, de David Bowie. Estávamos procurando caras pra jogar numa várzea perto da Parada XV de Novembro, bem na saída do bairro de Guaianases, e contra uns times em uma espécie de campeonato que estava sendo organizado por outros caras da escola. O campo era pequeno, então, se David Bowie topasse o convite e fosse jogar com a gente, bastaria conseguir mais dois jogadores e fechar o coletivo pro enfrentamento.

Seriam uns quatro ou cinco times e tudo rolaria num só dia. Pra nossa sorte, David Bowie aceitou o desafio. Continuamos a buscar outros dois candidatos à várzea. E conseguimos. O time ficou assim: Quatro Olhos, David Bowie, eu, Perna e Frankenstein – esses dois últimos, vou apresentar a vocês diretamente lá no campo. E, por falar nisso, a nova várzea é algo à parte nesta narrativa. Vamos nos ocupar um pouco dela no próximo capítulo.

O campo de trincheiras

O campo escolhido pelos caras da escola era a uns dois quilômetros da minha casa. Eu já ouvira falar do lugar, mas nunca havia estado lá pra jogar; às vezes, passava de ônibus por perto. Era um terreno pequeno, por isso formamos times menores, de cinco jogadores. Cada partida teria 30 minutos. Os caras que organizaram aquela espécie de campeonato eram uns tipos muito confusos. Assim que todos os times se apresentaram, as formas de pontuação por gols, as escalas de enfrentamento sorteadas e tudo o mais seria discutido. Um jogador de cada time deveria ser escolhido pra representar a equipe em uma rápida reunião antes dos jogos e, lá, o consenso das regras seria firmado.

Da nossa parte, escolhemos o Perna como nosso representante. Ele era o mais velho do time, estudava no último ano do ensino fundamental, e o pessoal o apelidou assim porque o cara era esquisitíssimo. Muito magro, alto e de corpo desproporcional. Os braços eram pequenos, mas as pernas eram longas, extensas pra valer, e muito finas – parecia que havia alguém andando pelo campo com pernas de pau, dessas de circo. O conjunto físico terminava em enormes pés que, apesar do tamanho avantajado, digamos, não lhe davam muita estabilidade; qualquer esbarrão adversário o punha ao chão. Isso foi ele mesmo que contou pra gente quando, por iniciativa própria, decidiu ser o goleiro do nosso time.

Enquanto Perna foi lá discutir as diretrizes do campeonato, ficamos teorizando:

"Porra!, goleiro com aqueles braços curtos? Não vai dar certo...", insistia Quatro Olhos. "A não ser que ele tentè defender as bolas só com as pernonas compridas."

Eu até concordei, o Perna realmente não tinha braços de goleiro. Mas pô-lo no gol talvez fosse, de fato, a melhor opção. Vejamos. Quatro Olhos tinha aquele lance de ter de usar óculos e seria perigoso ficar saltando com eles o jogo inteiro. Desperdício de talento seria se puséssemos o David Bowie nas traves. O moleque era muito bom jogador em qualquer posição – corria bastante, driblava bem e tinha um chute razoavelmente forte.

Frankenstein também seria uma escolha ruim pros arcos. O apelido vinha do fato de ele ser grandão, ter um olhar meio vago, de uma calma moribunda e sinistra. Ser caladão era sua patente. Mas quando dava vazão às cordas vocais, o que delas saía era o som gutural e monocórdico de sílabas pronunciadas de forma grave. E, de tão assustadores que eram os timbres de suas frases, qualquer um desacostumado a ele ficava com calafrios ao ouvi-lo falar. Prossigamos na descrição física. Muito alto, coluna sempre ereta mantendo uma postura corretíssima; braços longos e finos – algo incoerente com o tronco largo e musculoso –; mãos enormes e peludas; por fim, as pernas, a exemplo dos braços, eram extensas tanto quanto às do Perna. De propósito, vamos deixar de descrever os pés – um ponto também notável no corpo do nosso amigo. Mas isso não será esquecido e, sim, virá em outro parágrafo. Paremos por aqui, portanto, até porque o que já foi descrito justifica plenamente o apelido de Frankenstein.

Mas em campo, o sujeito desfazia qualquer prognóstico pessimista a respeito de desempenho futebolístico. O cara era ágil, corria muito, desvencilhava-se facilmente dos adversários, driblava bem e arquitetava lances anticonvencionais ao armar jogadas e passar a bola pros colegas de time de tal forma plasticamente artística que um poeta de várzea poderia descrever os lances como de uma beleza e elegância comparáveis às de equações matemáticas. Contrariando a aparência física e a voz que podiam, realmente, assustar num primeiro encontro, Frankenstein era um amor de pessoa. Gentil, engraçado, possuía um ar de suposto desencanto alimentado por um humor melancólico. Se tais atributos fossem desenvolvidos com afinco, nosso grandão tornar-se-ia um verdadeiro artista, qualquer que fosse a modalidade de expressão pessoal que escolhesse. O sujeito era bastante sociável, honesto, ingênuo e gregário. Topava qualquer projeto desde que se sentisse útil aos amigos. Essa entrega ao próximo era mal interpretada por alguns, que acabavam por achar nosso Golias um bobalhão retardado. Não foram poucos os que se aproveitaram de sua ingenuidade e amabilidade pra prejudicá-lo. Mas afirmo e garanto que se tivéssemos pelo menos mais seis iguais a ele, o mundo seria um lugar muito melhor, agridoce, justo e mais ético.

E o danado era mesmo um ótimo boleiro. Destiná-lo ao gol seria um desperdício. O único ponto fraco eram os pés. E eu prometi mencioná-los. Vamos lá. Apesar de bastante alto, Frankenstein tinha os pés muito pequenos. Por isso, seu chute não era forte e ele levava desvantagem em divididas, além de ter dificuldade pra dominar a bola se a gordinha chegasse com muita velocidade a ele. O grandão era realmente eficaz em arrancadas e em armar jogadas pros parceiros finalizarem.

A última opção ao Perna no gol era eu mesmo. Até me propus a ficar na região onde a grama não cresce, mas

Perna insistiu tanto em querer ser o dono dos arcos, que fui vencido na discussão. Nosso desengonçado amigo, em outra ocasião, confessou que sonhava em ser goleiro...

A discussão das regras prosseguia e, enquanto aguardávamos nosso representante voltar pra nos contar tudo, ficamos observando de longe todo aquele debate acerca do funcionamento do campeonato.

"Tá parecendo meio confuso, não?", questionou David Bowie.

"É... Acho que eles não estão se entendendo...", comentou Frankenstein no seu natural tom grave de voz.

"Ei, vocês repararam nisso aqui?", Quatro Olhos alerta a gente pra algo.

Fomos até ele ver o que era. Nosso parceiro dos óculos continuou reportando:

"Viram as linhas que marcam o campo?"

Não tínhamos reparado em nada anormal no terreno, mas Quatro Olhos pediu atenção:

"Elas foram cavadas... Até aí, tudo bem, mas acho que exageraram, vejam só...", disse aproximando-se de uma das grandes áreas e, lentamente, pondo o pé direito sobre a linha.

"Viram? Cavaram tão fundo que quase cabe o meu pé inteiro. Será que são todas assim?"

Fizemos o teste em outras linhas do campo. Eram todas daquele jeito, cavadas em excesso, verdadeiras valas comuns, trincheiras... *O campo de trincheiras*, hoje eu o chamo assim.

"Cuidado, viu Frank!", eu advirto nosso gigante gentil. "Como você tem os pés pequenos, se enfiar um deles aqui, pode se machucar...", completo.

"Pode deixar", ele assegura confiante.

"Ei, olha lá, pessoal!", Quatro Olhos alerta.

Era o Perna voltando. Finalmente, acabaram de discutir. A gente foi até ele e perguntou, um se sobrepondo à voz do outro:

"E aí, cara, conta! Como vai rolar o campeonato?"

Perna, parecendo confuso, atônito, demorou a responder. E o que disse nos frustrou:

"Regras? Sei lá... Não entendi merda nenhuma... Esses caras são confusos pra porra!"

Contra os monstros do Ultraman

Começou o campeonato. Nosso time participaria, de cara, no primeiro jogo. E a equipe que enfrentaríamos era formada pelos...

"Porra, parecem uns monstros!", assusta-se Quatro Olhos ao ver nossos adversários.

"Rééé... Monstros do Ultraman", eu me divirto. "Tudo fajuto que nem os do filme", teorizo comparando o time oponente aos malfeitos bichos que o herói do seriado japonês enfrentava.

"Deixa eles comigo... Monstro também sou, né?", divertia-se o nosso Frankenstein.

Mas as comparações do time a criaturas bizarras não eram gratuitas. À primeira vista, ficou evidente que eram uns brutamontes, todos enormes e fortões. Em campo, isso se confirmou, os caras eram grosseiros. Sem talento algum pra bola, os tipos resolviam tudo na bordoada. Era falta por cima de falta. O primeiro tempo, por exemplo, terminou em zero a zero e, até ali, a partida mais violenta de que já tomei parte – todo mundo mancava de tanta porrada levar; uma tensão enorme e crescente prosseguia com o avançar dos minutos restantes do segundo tempo. Chegou um momento em que eu achei que o jogo ia ser definido na pancadaria – e a gente não dispunha de um gigante espacial pra nos ajudar.

Fazia um calor dos diabos enquanto o jogo prosseguia estéril de gols. Ao menos o andar do relógio acenava com o fim das nossas dores. Íamos terminar empatados, achei. Mas aconteceu algo que quebraria a monotonia dos toques de bola entre os monstros do Ultraman. Enquanto um brutamonte passava a bola pro outro, sem que percebessem, David Bowie surgiu sorrateiro, tomou a gorduchinha de um dos ogros e saiu pelo campo driblando nossos grotescos e desengonçados oponentes.

Suando a camisa, o camaleão em campo deu um *show*. Além dos dribles invejáveis, nosso astro tinha de realizar cinematográficos desvios de corpo pra se safar das tentativas de falta – único recurso de que dispunham os nossos inimigos.

Frankenstein acompanhava o David Bowie. O gigante parecia disposto a defender o loiro caso algum dos *orcs* o agredisse. O Golias seguia na retaguarda barrando com os brações e as peludas mãozonas todos os que ousassem atacar nosso sósia do roqueiro inglês. Enquanto isso, Quatro Olhos e eu, desrespeitando totalmente a regra do impedimento, fincamos nossos pés como se fossem raízes na pequena área dos monstros. Sem-vergonhas que éramos, permanecemos lá, cara a cara com o goleiro rival, que esbravejava, entre palavrões, um mais podre que o outro, um anúncio de posições irregulares.

Como isso não bastava, afinal, jogávamos sem juiz ou bandeirinhas pra marcar o impedimento, o monstrão começou a cuspir na gente. O primeiro a ser alvejado foi Quatro Olhos. A gosma aérea pegou bem na orelha do meu parceiro. Segundos depois, também tomei uma cusparada nas costas. Nosso amigo dos óculos sentiu o sangue subir e revidou... com... um cuspe... Invocou das mucosas uma grande quantidade de matéria orgânica, lapidou-as com umas mexidas das bochechas, espécie de gargarejo ultrajante, e, quando já havia fabricado uma esfera dentro da boca, deu três passos na direção do goleiro. Este, por ter visto tudo e presumido o que ia acontecer, parou de cuspir em nós, se posicionou entre as traves, como se esperasse a cobrança de um pênalti. No terceiro passo, Quatro Olhos saltou como se fosse receber uma bola pra cabecear. Então, finalmente, cuspiu no goleiro. O que vimos foi chocante. Sem se alterar, nosso inimigo, com braços abertos, envergando-os na direção das respectivas traves, curvado, olhos arregalados, acompanhou o cuspe do meu parceiro, aquela coisa esverdeada vindo na direção da sua testa. O projétil estava quase alcançando o vilão quando ele deu dois passos curtos pra trás e fechou com força e rapidez os dois braços, as mãos indo uma na rota da outra, como se fosse bater palmas. E foi isso mesmo o que ele fez. Bateu palmas interceptando no ar o cuspe do Quatro Olhos. Neutralizou nossa tentativa de revide. Saiu ileso. E riu ao dizer:

"É isso o que eu vou fazer com a bola se aquele alemão ou vocês chutarem aqui."

Ele não devia ter ficado tão confiante. Segundos depois, ouvimos o barulho de um chute e o grito do goleiro ao tentar, inutilmente, conter o voo da bola, que foi parar no fundo das redes.

"Quem foi que fez?", eu pergunto ao Quatro Olhos.

Nos viramos pra ver.

"Olha lá!", meu amigo diz.

Então, vimos o David Bowie correndo elegantemente de volta pro meio de campo e recebendo os cumprimentos do Frankenstein.

"O moleque é bom mesmo...", eu falo.

"Pois é...", Quatro Olhos concorda.

"E olha só como ele comemora o gol."

"Parece mesmo o David Bowie. Só falta ele acenar pra plateia e dizer: *Thank you*..."

Só que não havia arquibancadas, torcida, nada disso. Havia somente um bando de pernas de pau jogando num calor infernal. O gol do Bowie nos encheu de ânimo. Se fizéssemos mais um ou segurássemos o placar, o jogo estaria decidido. Após o reinício e uma sequência de lances confusos, Quatro Olhos conseguiu chutar a bola rasteira e com força na direção das traves adversárias. A esfera saiu queimando o terreno, passou ligeira por todo mundo, cruzou as trincheiras, prometia ampliar nosso placar já no final da partida, porém, foi perdendo energia e chegou benigna e macia aos pés do goleiro dos monstros. Ele a parou, ajeitou e promoveu um chutão pro alto, pondo o satélite em órbita.

Todos nós ficamos olhando o bólido ganhar altura e, quando nossos pescoços já doíam de tanto olhar pro céu, a bola saiu de um ângulo de noventa graus, fez uma curva no espaço aéreo e começou a descer em direção à nossa pequena área.

"Caralho, vai cair lá no nosso gol!", David Bowie se aflige.

"Ei, os caras tão indo pra lá pra nossa área", alerta Frankenstein.

"Deixa que eu pego!", gritou Perna, enquanto, com os braços abertos e olhando pro alto, tentava prever onde o meteoro cairia.

"Meu, vai dar merda...", pressentia Quatro Olhos, que, logo em seguida, saiu correndo pra perto do nosso goleiro, e este, de forma constrangedora, dançava de um lado pro outro da pequena área, com os curtos braços abertos como se estivesse esperando alguém passar um bebê pra ele pôr no colo.

"A bola tá chegando!", eu gritei. "Vai pra esquerda do gol, Perna, seu burro!"

Eu disse isso porque nosso arqueiro, mesmo aos berros de "Deixa que eu pego!", parecia equivocado ao prever o local onde o cometa cairia.

"Pra esquerda, porra!", eu esganiçava.

Quando ele, finalmente, conseguiu entender, já era tarde. Perna, depois do jogo, tentaria explicar que o sol, de tão forte, deixou-o cego e ele não conseguiu ver direito pra onde a bola ia. Difícil mesmo de explicar seria o que de fato ocorreu. Todo mundo se prostrou num silêncio resignado quando a gordinha caiu um pouco antes de onde os braços do nosso goleiro estavam abertos à espera do satélite. Pior. A bola caiu em cheio numa das linhas da pequena área e, por causa da vala funda, quicou e desviou de rota encobrindo Perna e indo pro lado direito. Desesperado, nosso amigo correu de volta, mas era tarde, tudo em vão... A gordinha desceu suavemente pras redes. Um agravante pro frango insólito: no desespero, Perna tropeçou e, perdendo o equilíbrio, rolou pra dentro do nosso próprio gol.

A risada foi geral. Os trogloditas acabavam de empatar o jogo com um gol marcado pelo acaso. Tentamos argumentar que aquilo não valeria, que eles haviam marcado unicamente por causa do campo – o lugar dera uma "ajudinha" desviando a bola. Foi inútil. Os monstros não aceitaram. Como o tempo encaminhava nossa disputa pro final, nos apressamos em tentar o desempate.

Aconteceu, nesse ponto da partida, uma belíssima arrancada de Frankenstein, uma daquelas suas com jeito barroco. David Bowie percebeu a oportunidade, disparou com tudo pra grande área inimiga e ficou lá pedindo o passe. Frankenstein entendeu e chutou uma aérea em direção ao loiro. Bowie saltou pra receber, mas não percebeu que um dos monstros estava ao seu lado e pulou junto com o nosso camaleão da várzea. O pobre David levou a pior. Ele não conseguiu alcançar a bola, que foi cabeceada pelo adversário. No momento da disputa pela gordinha, o monstrão empurrou nosso amigo, que caiu e rolou pro lado até parar em um ponto do campo e por lá ficou se debatendo e pedindo a marcação do pênalti. Tudo inútil.

Ao cabecear, o ogro fez com que a pelota voltasse pros pés do Frankenstein. O gigante gentil a recebeu, teve dificuldades pra dominar a gordinha, mas acabou conseguindo. Então, arrancou com ela nos pés pelo campo, driblou dois e quando procurava alguém pra passar o projétil, não encontrou ninguém, somente o David Bowie, que ainda se contorcia na grande área.

Nosso amigo grandão sabia que não tinha um chute forte, que, por causa dos pés pequenos, sua especialidade era armar as jogadas, não encerrar os lances. Mas naquele momento decisivo, não havendo ninguém por perto, o gigante tentou ele mesmo dar prosseguimento à oportunidade de vitória. Correu com a bola dominada até perto do gol. E quando estava sozinho com o goleiro, redobrou as esperanças, diminuiu o ritmo, foi ajeitando a pelota pro chute. O inimigo, vendo que só dependia dele impedir o gol de desempate, saiu correndo com tudo, gritando, salivando e fazendo careta. Frankenstein o esperou e, com frieza, assim que o ogro chegou perto, deu um toquinho na redonda, que passou entre as pernas do cuspidor. O arqueiro deu um urro de frustração enquanto Frankenstein o contornou e foi tentar alcançar a esférica e mandá-la pro fundo do gol.

Só que o Golias não calculou bem a velocidade do próprio corpo. E aquele foi o seu erro fatal. E nós vimos tudo, impotentes e sem acreditar no inusitado que aconteceria. O grito de gol já nascia nas nossas gargantas quando tivemos de abortá-lo. Vimos, estarrecidos, o Frankenstein alcançar a pelota, mas se atrapalhar todo com ela. Em vez de chutar, o colosso acabou pisando na bola, se desequilibrando e, ao cair e rolar pelo campo, emitiu um grito angustiante e gutural que mais parecia um uivo agourento. A gorducha, por sua vez, rolou lentamente pra fora do campo. O goleiro foi logo se apressando a cobrar o tiro de meta enquanto, nas proximidades, dois de nós jaziam: Bowie, se contorcendo, e Frankenstein, desolado por ter perdido, de forma inacreditável, o gol que nos daria a vitória.

Os monstros arrancaram com tudo e fizeram de rebote. Estávamos liquidados...

Selamos uma promessa: nenhum de nós contaria, na escola, aqueles dois lances estapafúrdios que nos levaram de cara à derrota no campeonato. Seria muita humilhação, especialmente pro Perna e pro Frankenstein. Mas não adiantou. Os caras dos outros times espalharam por todo o Arthur Neiva a tragédia dos nossos dois jogadores e a consequente ruína do time já no primeiro jogo.

Humilhado, Frankenstein nunca mais quis jogar. Sempre que eu cruzava com ele no recreio, o coitado se lamentava daquela fatalidade. Eu tentava confortá-lo dizendo que a culpa não era dele; era, sim, nossa, afinal, o gigante não era um jogador de marcar os gols, mas de armá-los pros outros fazerem. Não adiantou a minha retórica. Ele não se conformava e, de tanta gozação, deixou a várzea pra sempre.

Perna e David Bowie continuaram a jogar bola, mas apenas futsal. Quatro Olhos e eu, ao voltarmos juntos pras nossas casas, após aquele campeonato horroroso, juramos um pro outro que nunca mais iríamos jogar bola. Quando fui me despedir do meu amigo dos óculos, fiz um convite: "Ei, cara, vai lá em casa, amanhã. Vamos nadar na piscina."

As origens do meu amor pelo cloro

De fato, era uma piscina. O formato diferia do convencional, mas era realmente uma piscina o que tínhamos em casa. Residências que as tenham são, pra mim, até hoje, um símbolo de *status* elevado. Mas a que tínhamos não significava que nossa família era abastada. Essa ideia se esvanecia à primeira olhada que qualquer um desse pro lugar: ela, em vez de escavada no chão, conforme eu explicara lá na Unesp, foi erguida com blocos e cimento, o que a fazia parecer muito mais um tanque que uma piscina. A ideia de fazê-la pra cima ao invés de pra baixo foi do meu pai. Acho que ele tinha razão. É que, naquela época, tínhamos um poço artesiano no quintal de casa. O meu velho, então, ficou com medo de cavar o terreno e causar algum dano ao poço ou este contaminar a piscina em caso de vazamento.

O tanque que chamávamos de piscina tinha cinco metros de comprimento e um pouco mais de um metro e meio de profundidade. No início, não havia azulejos, somente piso e paredes de cimento – arranhava um pouco e dava um trabalhão limpar sempre que o esvaziávamos. Depois de um tempo, decidimos pôr azulejos. O acabamento não ficou dos melhores, isso era visível pelos remendos e irregularidades de corte aqui e ali. Mas a reforma deu um aspecto bem mais agradável à obra. Não havia colunas nas diagonais do retângulo. Ninguém previu que seriam necessárias. Com o passar do tempo, isso se comprovou. É que surgiram rachaduras nessas regiões do tanque e a água começou a vazar. Tivemos de interditar a piscina, meu pai chamou um pedreiro e este remendou tudo de forma bem sacana. Mas surtiu efeito, os vazamentos pararam e reinauguramos nossa diversão. Aí, depois de um tempo, rachava de novo e a água voltava a fugir por entre as fissuras. Parávamos mais um tempo de nadar, chamávamos novamente o pedreiro e outros remendos surgiam em socorro do pobre tanque. Estragava dali a um tempo. Arrumávamos. Ficava bom. Bagunçava novamente. E assim ia.

Minha mãe aprendeu noções básicas de como tratar a água. Comprava os produtos químicos, aplicava-os na piscina em doses certas, e, pra melhorar ainda mais a conservação, sempre que terminávamos de brincar, cobríamos o tanque com uma lona bem grossa pra que não chovesse dentro. Foi assim que o cheiro de cloro entrou na minha vida. Até hoje, aquele aroma me faz lembrar nossa infância.

"Ei, cara, vai lá em casa, amanhã. Vamos nadar na piscina."

Esse foi meu convite ao Quatro Olhos após aquela pavorosa atuação no campeonato de várzea. Ele respondeu que ia ver, que se desse, pintava lá e tal. Foi por educação que respondeu assim. O fato era que, apesar de ser meu amigo, Quatro Olhos era bem diferente de mim. Ele era de uma família, digamos, "rica", ao menos pras nossas concepções do que seria a classe média, a classe alta, a elite, essas coisas. Os pais do meu amigo dos óculos tinham muito mais dinheiro do que os nossos, os do Astro, os do Tropeço e os do Chute Cruzado. Quatro Olhos tinha casa na praia – o que era um símbolo (ilusório em certa medida) de riqueza. Então, uma vez, ele deixou escapar, sem querer, que achava a nossa piscina uma coisa absurda, errada, negócio de pobre que não se conforma e quer ter o que é, por direito, algo reservado aos abastados como ele.

Nosso relacionamento era bom, mas as diferenças de classe às vezes nos colocavam em oposição. Um pouco depois desse dia do convite que fiz a ele após o jogo, minha mãe me preveniu de que chamar o Quatro Olhos pra nadar com a gente não era uma boa ideia. "Deixa o menino encabulado. Ele vem de família boa, rica, não vai querer nadar aí no tanque que seu pai fez". Então, dali em diante, eu nunca mais o convidei...

Mas fora o Quatro Olhos, todos os pernas de pau do time sem chuteiras frequentavam a nossa piscina. Foi um tempo espetacular. Passávamos horas nela até as mãos ficarem enrugadas de tanto brincar de nadar, às vezes, imitando as lutas do Ultraman (de vez em quando, saía porrada de verdade...); nos divertíamos à beça e íamos perdendo o medo da água. Sem eu saber, plantava ali, naquela ingênua piscina improvisada e improvável, as sementes do meu futuro amor pelo cloro.

Além dos caras do time, vários outros amigos e amigas frequentavam a nossa piscina. Minha irmã, claro, sempre estava lá, assim como os irmãos e irmãs do Astro, do Tropeço e do Chute Cruzado. A piscina ficava nos fundos da casa da gente e um dos lados do retângulo era colado num muro que separava a nossa residência de outra, a de uma família de italianos. O patriarca deles era um senhor bem ranzinza, a gente chamava ele simplesmente de Italiano. Pelo que assimilamos, nossos vizinhos eram gente de dinheiro, como os pais do Quatro Olhos. Eram chatos, meio arrogantes, esnobes, achavam-se superiores à vizinhança e eu só os menciono aqui porque a casa deles tinha uma laje bem em frente à nossa piscina. Nós pulávamos o muro e chegávamos com poucos passos à cobertura e dela praticávamos salto e mergulho, ou seja, pulávamos de lá e afundávamos na piscina; até campeonato de mergulho a gente fazia.

Ainda melhor que essa anarquia toda foi o que descobrimos lá na casa dos italianos: um pé de caqui. Assim, sempre que ele estava carregado e as frutas bem maduras, antes de pular de volta pra piscina, roubávamos vários caquis e comíamos. Nosso vizinho, um dia, descobriu o ardil e, encolerizado, apareceu e ficou esbravejando, disse que tinha um revólver e que se pegasse qualquer um de nós subindo de novo na casa dele, soltava chumbo na gente. Ouvíamos tudo em silêncio. Quando ele ia embora, caíamos na risada, imitávamos o sotaque dele e, lógico, não havia como ser diferente, voltávamos a depenar o pé de caqui; por fim, pulávamos de lá na piscina.

Foram anos bons aqueles e duraram até cada um de nós ter de começar a trabalhar fora durante o dia inteiro e a estudar à noite. Com o tempo encurtado por essas atribuições, passamos a frequentar cada vez menos a piscina. Acabou que, por estar a maior parte do tempo vazio e exposto ao sol, tudo começou a rachar e o velho tanque ficou condenado. Tivemos de demolir...

Apesar de a obra ter vindo abaixo, aquelas lembranças estão vivas comigo até hoje, a ponto de poder enxergar aquele lugar divertido que um dia, contra todo o orgulho de classe e desprezo advindo dele, ousamos chamar de piscina. O cloro entrara na minha vida.

Eu parei de nadar nessa época e o hiato entre tal ponto e o meu retorno às braçadas foi bem extenso. E a volta teve como motivador algo não tão bom, na verdade, bastante triste: a causa da morte do meu pai – o mal de Alzheimer, aquela doença terrível que o acometeu bem cedo, vitimando-o com apenas 65 anos.

Confesso que fiquei aturdido diante da forma devastadora como essa doença destruiu meu pai: memória, coordenação motora, funções fisiológicas, enfim, todo o funcionamento básico do corpo, da mente e do cérebro, do meu pobre velho foi destruído – primeiro, de forma gradativa, depois, num ritmo avassalador nos meses finais de vida que lhes sobraram por causa do avanço implacável da moléstia.

Aquilo me transtornou de tal modo que, ainda durante o luto, dediquei um tempo razoável a ler sobre a doença, a investigar como ela aparece e o que podemos fazer pra evitar ou adiar seu desenvolvimento. Uma vez, durante uma consulta de rotina com o médico do trabalho, perguntei se havia algo que se pudesse fazer pra prevenir o Alzheimer. Ele respondeu que essa era uma doença ainda bastante misteriosa, com causas controversas. Em poucas frases, disse que, como único conselho, indicaria a mim as coisas de praxe e que nada mais seriam que recomendações comuns pra prevenção de diversas outras enfermidades: alimentação balanceada, controle do peso, dormir bem, combater o estresse com atividades intelectuais e cognitivas, além de diminuir o sedentarismo por meio da prática de algum esporte ou de atividade física regular, mesmo que não esportiva. Deu-me um estalo... Então, durante aquela conversa, convenci-me de que deveria voltar a nadar. Urgente era reintegrar o cloro ao meu cotidiano...

II. L'Accademia e o cotidiano do cloro

O que mata um jardim não é o abandono.
O que mata um jardim é esse olhar
de quem por ele passa indiferente.

Mário Quintana

Os caminhos até a Accademia

Numa das primeiras aulas, na faculdade, ao ler o nome dele na lista de presença, primeiro em silêncio e, depois, em voz alta:

"... Possmoser."

E ele, animado:

"Nossa, você conseguiu pronunciar direitinho o meu sobrenome."

"Você é alemão ou descendente de alemães?", eu pergunto. "Ou de austríacos?", teorizo.

"Sim, você conhece o sobrenome?"

"Não conheço, não, mas pela grafia e sonoridade, acabei achando que fosse."

"Nossa, acertou duas vezes: a pronúncia e a procedência."

Em seguida, ele perguntou o meu nome, contou várias histórias engraçadas de confusões passadas quando os outros tentavam pronunciar "Possmoser". Então, ali, nos tornamos amigos, e somos até hoje.

Meu pai morreu cerca de dois anos após a minha graduação. Eu já não morava mais em Guaianases; ainda vivia na zona leste, mas num bairro distante do da minha infância. O Possmoser morava perto de mim nessa época. Quando decidi voltar a nadar, dessa vez, pra valer, aprender os estilos, reforçar o condicionamento físico, prevenir, quem sabe, doenças degenerativas e tal, chamei meu amigo descendente de germânicos pra tomar parte na empreitada. Ele topou o convite e até se dispôs a procurar uma escola de natação pra gente visitar. Algo desejável é que a academia fosse perto de nossas casas, acessível de metrô, se possível; e, outra coisa, que não fosse muito cara. E foi o Possmoser mesmo quem achou uma boa opção. Ele me ligou um dia e disse que havia uma escola de natação bem perto dos nossos bairros. Então, marcamos um dia pra conhecer a casa.

O local tinha todos os atributos que buscávamos: boa localização – perto de uma estação de metrô e de um terminal de ônibus –, a mensalidade era justa e, como melhor predicado, nos pareceu ser um lugar simples, sem frescuras, nada de exibicionismo. Saberíamos, no entanto, que a vida simples que teríamos por ali não seria proporcionada por escolhas pensadas pela direção da escola, que a singeleza das instalações, os equipamentos de musculação já bastante gastos e a piscina pequena não eram fruto de um proposital estilo espartano de levar os negócios. Logo, saberíamos, sim, que a escola vivera tempos melhores e que essa fase não mais voltaria. Faltavam recursos pra reequipar e ampliar as instalações, o que poderia fazer a instituição voltar a ser competitiva com o novo modelo de negócio que outras academias abraçavam – mais parecidos com *shopping centers*. Mas esse sopro de vida não viria. Havia poucos alunos pra abastecer o caixa e o lugar quase não atraía o interesse de novos diletantes das raias e dos equipamentos de musculação.

A razão pra crise, eu interpretei na época, era oriunda da fase de marés baixas no país, que ainda sofria as sequelas da era Collor, período em que nossa economia não era estável e o real uma moeda ainda em início de trajetória.

Por tudo isso, soubemos que viveríamos poucos anos naquela escola e eles não seriam de glória. Seriam, sim, os de uma fase de um lento e anunciado adeus; um rito de passagem que, no entanto, em vez de nos causar tristeza, inusitadamente, nos proporcionaria bons períodos de aprendizagem, nos permitiria fazer amizades com tipos inesquecíveis que povoarão os relatos seguintes. Enfim, contra o pessimismo que poderia nos tomar de assalto, fomos muito felizes. O cotidiano do cloro começaria ali. Possmoser e eu, finalmente, havíamos chegado à Accademia...

Eros, o deus do amor da Accademia

Primeiro dia no cloro, estamos no vestiário, nos trocando pra aula. Eu comprei uma touca menor que a minha cabeça. Fico brigando com ela um tempão. Enquanto isso, Possmoser dá risada. Ele, meses depois, teceria uma teoria sobre as toucas de natação:

"As toucas de natação são uns troços esquisitos. Custam a entrar na cabeça e quando retiramos, o elástico deixa uma marca em nossa testa, uma espécie de 'auréola' em que um anjo entalou a cabeça. A minha mulher direto e reto fala pra mim: 'Sempre que você vem da natação, chega com cheiro de cloro e com essa marca na cabeça. Um dia que me falar que foi nadar e chegar em casa sem essas duas coisas, é sinal de que está mentindo'."

Então, eu disse que se quisesse aprontar com a mulher, ele teria de adotar o seguinte expediente: (a) dizer que foi nadar; (b) no motel, levar um pouco de cloro e impregnar o corpo com o cheiro tradicional de piscina; (c) na volta pra casa, vestir a touca pra marcar a testa. Aí vocês imaginem a cena curiosa: O sinal está vermelho, você olha pro carro ao lado e vê uma figura bisonha, vestida de terno, gravata e touca de natação. Mas deixemos as teorias sacanas pra depois. Pretendo, agora, descrever a Accademia em termos estruturais e organizacionais, revivendo-a tal como era.

A casa contava com uma piscina de 16 metros. Os equipamentos de musculação, as bicicletas e esteiras ergométricas dividiam-se em duas categorias: (a) aparelhos que funcionavam (em menor número); e (b) aqueles que não funcionavam. Simples. Prosseguindo. O bebedouro não tinha copinhos descartáveis, por medidas de economia. As revistas que deixavam pros alunos se distraírem enquanto se exercitavam eram de quatro anos atrás. A maior parte dos chuveiros do vestiário masculino não esquentava. As alunas nos diziam que o mesmo acontecia com as duchas delas. Os donos da Accademia não conseguiam mais reinvestir, pagavam salários ruins aos professores e aos empregados; no entanto, não abdicavam dos carros importados que dirigiam e gastavam toda a grana em bebidas e putarias. Isso eles falavam entre si pelos corredores e as histórias chegavam aos ouvidos de todo mundo por lá.

"Seu Caronteeeeeeee, o chuveiro não esquenta!!!!!!!"

Este é o seu Caronte, ele trabalhava e morava na Accademia. Nosso amigo cuidava, ao mesmo tempo, da recepção, do vestiário masculino, da limpeza, da segurança e dormia na escola. Fala pra eles, seu Caronte:

"Eu ganho salário mínimo (acho) e não tenho registro em carteira (disso eu tenho certeza). Tinha um colega aqui que me ajudava. E a gente não sabia desse troço de vale-transporte, não. Foi um aluno que explicou pra gente. Esse meu companheiro foi falar com os donos da escola pra eles darem o tal do vale pra gente. Daí, eles falaram que não iam fazer nada e demitiram meu amigo. Depois disso, eu passei a dormir aqui na Accademia mesmo. Economizo a condução."

"Pela lista de alunos, vocês devem ser Possmoser e Dog, certo? Eu sou Eros, tudo bem? Bem-vindos."

Ele é Eros, uma espécie de *one show man* da Accademia. Além das aulas de natação, o galã participa de todas as deliberações financeiras, técnicas e operacionais do negócio. É o braço direito dos donos. O sujeito é, portanto, educador físico, fisioterapeuta, bonito, bem-sucedido, amado pelas crianças da Accademia, desejado pelas mães dessa mesma molecada. Ele foi nosso primeiro instrutor.

"Ei, vocês estão secos. Não podem entrar na piscina assim, têm de tomar banho antes."

"Desculpe, não sabia", responde Possmoser.

Com vergonha da nossa primeira mancada no cotidiano do cloro, andamos pro vestiário. No caminho:

"Porra, Possmoser, é óbvio que tem de tomar banho antes de nadar. Como foi que a gente não pensou nisso?"

"Vai, nunca fiz academia antes, como ia saber?", ele contesta.

Ao chegar, descobrimos um cartaz enorme e escrito com letras garrafais no qual era possível ler: "Favor tomar banho antes de entrar em aula. (A Direção)".

A maldição da Hidra, a implacável
(dentro e fora da Accademia)

Vários dias depois do começo no cloro... Eros foi nosso primeiro instrutor. Quando subimos um nível no aprendizado (começávamos pelo nível 1, depois, 2 e 3 – o que significava o progresso na natação), o sedutor deixou de ser nosso professor. Passamos pra etapa seguinte e, lá, nos esperava a:

"Nadaaaaaaaaaaaa mais rápido, cacete!!!"

Bom, vamos descrever quem grita assim com a gente. Ela é a Hidra, nossa segunda instrutora. De novo, um resumo rasteiro: educadora física, aparentemente bem-sucedida, bonita... sempre nervosa... Fala um pouquinho com os leitores, Hidra:

"Nadaaaaaaaaaaaa mais rápido, porra!!!"

Errrr... Bastante direta... Pela sua boca passam vários palavrões. Ela xinga mesmo. Manda à merda quem não nadar direito e quem fizer corpo mole nas aulas.

"Oi, professora."

"Oi, Hermes, tudo bem?"

Tchuááááááááááááááááááááááááá...

"Porra, Hermes, já falei pra não mergulhar nessa parte da piscina. Aqui é raso, pode se machucar."

Este é Hermes, um dos caras mais legais da Accademia. Ele, pra provocar a Hidra, sempre entra nas aulas mergulhando na parte rasa da piscina. Pra completar, ele chegara atrasado (coisa que a raivosa instrutora não admitia de jeito nenhum). Nós já estávamos em aula. E a aula é assim, ouçam:

Possmoser, em braçadas: slaaaaaash, slaaaaaash, slaaaaaash...
Eu, em braçadas: slash, slash, slash, slash, slash, slash...
Minhas braçadas são de curto alcance (do tipo slash); as do Possmoser, de largo alcance (do tipo slaaaaaash). Uma braçada do Possmoser equivale a duas minhas.
Voltando a cena pro momento da entrada do Hermes:
"Oi, professora."
"Oi, Hermes, tudo bem?"
Tchuááááááááááááááááááááááááá...
"Porra, Hermes, já falei pra não mergulhar nessa parte da piscina. Aqui é raso, pode se machucar."
Quando nosso colega de cloro emergiu, gritava desesperado, segurando o nariz:
"Fai, faai! feu fafiz, feu fafiz!!!".
"Que foi, Hermes?", Hidra pergunta.
"Fai, faai! feu fafiz, feu fafiz!!!", insistia o nadador.
"Fala direito, cara!", pedia a instrutora já percebendo o que acontecera e deixando transparecer uma pontinha de sadismo.
"Fum fá, fum fá. Feu fafiz, feu fafiz..."
A conclusão: ele bateu o nariz no fundo da piscina... Então, o médico que o socorreu proibiu Hermes de nadar enquanto ele se recuperava do acidente. Restringiu a natação, mas não fez objeções à musculação. Então, nos dias posteriores, nós o víamos pedalando a ergométrica ou puxando ferro. Nariz coberto por uma enorme atadura e falando como um fanho.
"Oi, Hermes, beleza?"
"Foi, Fog, fufo fem?"

"Nadaaaaaaaaaaaa mais rápido, porra!!!"
Qualquer coisa que fizéssemos não agradava a Hidra.
"Professora, hoje é meu aniversário", um dia eu disse ao chegar pra aula.
"Toca aqui, ó, Dog", estende a mão em cumprimento. "E vamos nadar bastante, já pra piscina", encerra o papo sem muita cerimônia.

"Professora, tô com cãibras", eu avisei assim que a dor começou logo no início da aula.

"Deixa de moleza, estica a perna e volta a nadar!", ela me fulmina em resposta.

Hidra era mesmo implacável. Ficou claro, já no início, quão rigorosa a mulher era. E sádica... Ela nem fazia questão de disfarçar o prazer que sentia quando os alunos se ferravam durante as aulas. Todos se davam mal, de um jeito ou de outro, principalmente aqueles que contrariassem alguma ordem da tirana das raias.

Não foi somente o pobre Hermes que se ferrou após provocá-la. Qualquer um que a contestasse – isso, com o tempo, começou a ficar notório pra mim – sofria algum tipo de castigo imprevisível e inusitado. Ai daqueles que reclamassem das aulas. Na própria aula, ou no curto prazo de tempo depois, esse(a) aluno(a) sofreria algum malefício.

Um amigo meu, do qual nos divertiremos mais pra frente ao descrevê-lo, hoje é por mim lembrado como o Ian Curtis da Accademia (esse era um apelido a ser esclarecido em momento oportuno). Pois bem, era um sujeito amável, brincalhão, bem-humorado. Convivia harmoniosamente com todos até se desentender com a Hidra. Certa ocasião, Ian anunciou pra gente que iria se ausentar por um tempo pra ser submetido a uma cirurgia de sinusite. Ele nunca mais voltaria à Accademia. Alguns diziam que ele havia sido vítima de erro médico...

Então, comecei a tecer minha teoria e a me amedrontar com a possibilidade de minha ideia não ser apenas um temor infantil: desentender-se com a Hidra era selar o próprio destino de maneira muito ruim. A desventura aconteceria inexoravelmente. Todos nós seríamos derrotados se pisássemos no calo dela. E talvez a parte mais incrível, até sobrenatural, diria, é que a intempérie aconteceria sem que a nefasta professora mexesse um dedo sequer. Assim, ir contra a instrutora dava azar, muitas vezes, como no caso do Ian Curtis da Accademia, de maneira duradoura.

Hidra era maligna. E o destino sempre a favorecia. A mulher venceria todos sem jamais tomar parte diretamente na fatalidade que acometeria quem a criticasse ou discutisse com ela – espécie de Dorian Gray moderna. Vocês ficarão convencidos disso, dados os trágicos exemplos mostrados nas linhas seguintes...

Certa vez, uma professora novata foi contratada pela Accademia. Era a Calisto. Jovem, bonita, recém-formada e com a motivação a todo vapor, a nossa nova instrutora do cloro logo concentrou todas as atenções e conquistou uma legião de fãs. Não durou muito, isso começou a incomodar a Hidra, que passou a ocupar um lugar ao largo dos holofotes dirigidos à bela Calisto. A maligna das raias já nem disfarçava a inveja e o sentimento de perda de espaço e de importância no jogo das atenções. No entanto, Hidra não fazia nada. Ela simplesmente resignava-se num silêncio aparentemente inofensivo. Não era... Tudo perdurou por alguns bons meses.

Um dia, ao entrar pra aula, notei que a Calisto não estava. E, como essa ausência ocorreria mais uma série de vezes até passar de um mês, decidi perguntar:

"Professora Hidra, e a Calisto?"

Aquela Dorian Gray da zona leste de São Paulo, deixando escapar um lampejo de prazer por meio de um indisfarçável sorriso sádico, marca registrada dela. Então, respondeu com um único verbo no passado, o que me fez, de pronto, lembrar o Manivela:

"Dançou."

Eu arregalei os olhos, tentei dizer alguma coisa, mas a Hidra nem me deu esse privilégio. Ela acrescentou:

"Aquela metida à besta pensava que era melhor que eu... Pois é, dançou..."

Aproveitando uma pausa que ela fez na fala, eu digo:

"Professora... errr... o que significa 'dançou'?"

Ela sorriu antes de prosseguir na explanação:

"A idiota pensava que pra ser melhor que eu bastava ser gostosa, bonita e boazinha com vocês. Pra me passar a perna, tem de ter muita saúde..."

"Professora, o que aconteceu?", decido assumir uma abordagem mais direta.

"Calma, Dog, não é o que você está pensando. Eu não fiz nada de ruim pra ela. Nem precisou...", ri ao dizer essa última frase.

"Então?"

"Ela rodou sozinha... Mas chega de papo e já pra água, que hoje não vou dar moleza!"

Hidra nem me deixou insistir num pedido de detalhes. Ralhou de novo:

"Já pra água!"

Claro, obedeci de pronto e nadei o melhor que pude; cumpri todas as ordens como se fosse o recruta mais esforçado no treinamento de preparo pro campo de guerra. Enquanto deslizava no cloro, meus pensamentos se debatiam. Parte deles pedia pra eu mudar de escola de natação sem fazer nenhuma reclamação da Hidra. Outros neurônios tentavam me convencer a continuar na Accademia, mas, a partir daquele momento, enquanto ela desse as regras, o melhor seria cumpri-las com a resignação bovina própria de um matadouro. Decidi por essa última alternativa. Eu refletia durante as braçadas: a mulher era a encarnação do mal e o caso da pobre Calisto, com certeza liquidada de forma misteriosa, era a maior prova disso.

Ao término da aula, a instrutora me chamou:

"Ei, eu soube que você é fotógrafo. Tenho um negócio pra te propor..."

Hidra e uma sócia dela estavam pra montar um negócio próprio: uma escola de natação pra competir com a Accademia. Como alguém deve ter dito que eu era fotógrafo, ela veio até mim ao fim daquela aula tensa e me propôs fotografar o tal iminente empreendimento, tudo pra um *book* promocional. Em uma imediata fração de segundo, entre a proposta e qualquer esboço de resposta da minha parte, fui atropelado por pensamentos conflitantes. Se eu topasse, mas o resultado das fotos não agradasse a malévola instrutora, algo de ruim me aconteceria. Se eu declinasse da proposta, teria de inventar alguma desculpa que não a melindrasse. Se ela ficasse brava, o azar cruzaria meu destino. Mas um último pensamento mais otimista aflorou. Se eu aceitasse, me empenhasse com esmero na produção das fotos, ao final, entregaria a ela um magnífico catálogo promocional. Isso a ajudaria a divulgar muito bem a nova academia. Com certeza, o negócio decolaria, haveria grande procura e, em curto tempo, a Hidra, ela mesma por conta própria, toda feliz da vida, acabaria por sair da nossa escola pra se dedicar com a sócia integralmente à nova empreitada. Ela prosperaria como empresária, nunca mais voltaríamos a nos ver e, não somente eu, mas o Possmoser e qualquer outro(a) frequentador(a) das raias da Accademia estaríamos livres de maldições. Era o que tinha de fazer. Assumiria os riscos. Se não desse certo, eu selaria o meu destino: seria, fatalmente, liquidado em circunstâncias misteriosas. Se eu falhasse, enquanto a desventura não viesse, a única coisa que me restaria seria contratar uma nova apólice de seguro de vida... Fui lá. Fiz as fotos. Enquanto trabalhava, apenas um pensamento me dominava: "Não posso errar de jeito nenhum". Felizmente, tudo correu bem, as fotos ficaram boas.

Primeira aula depois:

"Nadaaaaaaaaaaaa mais rápido, porra!!!", quase um mantra da Hidra.

"Slash, slash, slash, slash, puf, puf, puf...", esse sou eu, tentando obedecer às ordens dela.

Na minha raia, além de mim, outros dois caras. Ambos são visivelmente mais novos que eu. Ainda assim, meus slashes fazem com que eu ultrapasse os dois e me dão uma vantagem de mais de 100 metros. E Hidra continuava no verbo imperativo seguido de palavrão:

"Nadaaaaaaaaaaaa mais rápido, porra!!!"

"Slash, slash, slash, slash, puf, puf, puf...", ia no cloro pensando que estava nadando pra caramba. Pensava assim: "Quero ver essa neurótica reclamar".

De slash em slash – cada vez mais determinados –, eu aumentava o número de ultrapassagens dos meus colegas de raia – os dois mais novos que eu, precisamos repetir pra fixar essa informação. Faltando minutos pra terminar a aula, chego à borda do lado mais raso da piscina.

"Para aí que a aula já vai acabar, Dog", Hidra ordena.

"Dá pra fazer mais uma ida e volta, professora", digo orgulhosamente e na espera de alguma demonstração de reconhecimento de que eu tinha mesmo nadado bem e bastante. Vindo dela, seria mais que um troféu. Pueril ilusão: "Queeee???? Tá louco???? Se deixar você nadar mais, vai demorar uma hora pra ir e voltar. Fica aí quieto e descansa. Senão, já sabe, né?"

"Meu Deus, o que essa bruxa quis dizer com isso?", pensei imediatamente. Nada pronunciei. Apenas balancei a cabeça em sinal de aceitação da ordem. Fiquei ali resignado. E nada mais.

Por fim, um último exemplo de como o destino favorecia o mal a vencer os que não se prevenissem contra a maldição da Hidra. Toda a triste história a seguir foi a mim contada pela própria sombria professora. E tudo chegou aos meus ouvidos após cada palavra proferida ter sido precedida por um indisfarçável sorriso soberano, lapidado pelos anos de experiência que traziam o conforto sobrenatural de que a vitória sempre seria dela. Desenhemos o ambiente como preâmbulo dos acontecimentos. Além de dar aulas pra adultos, ela, na parte da manhã, também era instrutora de crianças na natação infantil. Dentre os alunos mirins, havia um menino bem gordinho. Lento, sem fôlego, de braçadas fracas, o pobre obeso era martirizado pela Hidra. Humilhado, o moleque aguentou até onde pôde, mas, um dia, acabou por contar tudo pra mãe dele. A mulher, inconformada, foi reclamar na direção da Accademia. Marcaram, então, uma reunião entre um dos donos, a própria Hidra e a mãe do aluno. Apenas pra que vocês possam sentir o terror da situação, a partir daqui, passo a reportar dividindo a narração com ela.

Quando a mãe do menino chegou à escola, anunciou-se na recepção. Pediram que ela esperasse ali mesmo, num sofá na entrada da Accademia. O dono da escola estava terminando um telefonema e a Hidra, em minutos, encerraria a aula que estava dando. Enquanto isso, serviram um cafezinho pra mulher. Finalmente, quando todos se encontraram, rumaram pra conversa particular que teriam. Agora, é com a Hidra:

"Então, Dog, tomei um susto logo de cara. É que a mulher, a tal mãe do gordinho, ela... ela era... muito... mas muito mesmo... gorda... Era enorme. Após nos apresentarmos, fomos pra uma salinha ter a nossa reunião. Porra, Dog, a gente não costumava ter de fazer reuniões, nem tem um lugar próprio pra isso. Então, decidimos que faríamos a conversa numa sala perto das ergométricas. A gente usava o lugar meio que como depósito de coisas quebradas. Não tinha mesa ali, apenas umas cadeiras de plástico. Aí, cara, a gorda pegou a cadeirinha, foi sentar e... Caralho, meu, eu nunca vi nada igual... Quando a mulher sentou, a cadeira não aguentou o peso, as quatro pernas de plástico cederam e a mulher soltou um grito quando afundou por cima de tudo. Foi parar no chão e ficou lá com os braços abertos. Sabe o que ela falou, então, Dog? Disse: 'Socorro...'. Um pedido de ajuda que saiu tão baixinho que nem dava pra ouvir direito. Eu segurei o riso e me agachei pra dizer: 'O que a senhora disse?'. 'Me ajudem a levantar', falou. A mulher era tão gorda que não conseguia se levantar sozinha do chão. No fim das contas, eu e o dono da escola tivemos de puxar os braços da obesa pra ela ficar de pé de novo. Envergonhada pela humilhação, ela desistiu da reunião, foi embora sem registrar a queixa do filho e nem quis remarcar outra data. E sabe o que aconteceu depois, Dog? O gordinho dela nunca mais apareceu na Accademia..."

Héracles: simpático, desejado e musculoso
(e outros tipos bacanas na Accademia e fora dela)

Vamos ocupar um pouco o nosso tempo, agora, a tratar de algumas personagens inesquecíveis do cotidiano do cloro. Pra tanto, retornemos ao dia daquela nossa aula inicial na Accademia, bem no momento em que voltamos ao vestiário pra tomar a ducha antes de entrar na piscina pela primeira vez. Possmoser e eu vimos aquele cartaz: "Favor tomar banho antes de entrar em aula. (A Direção)". Lembram? Pois é... Rimos à beça da nossa asneira. Assim que nos dirigimos pra área dos banhos, antes mesmo de chegar, ouvimos o característico barulho da água correndo e o som do chuveiro ligado. Então, vimos uma figura curiosa. Era um cara aparentando ser um pouco mais novo que a gente. Ele deixava a água cair sobre o corpo por ininterruptos instantes. Depois, desligando o chuveiro, começou a se ensaboar com afinco. Repetindo e repetindo meticulosamente os gestos, inundava a si próprio com espuma em abundância a ponto de ficar parecendo um boneco de neve. Nós entramos nos nossos respectivos chuveiros, nos banhamos e saímos pra aula. Enquanto isso, o sujeito continuava a se ensaboar.

Quando a aula terminou, voltamos pro vestiário e...

"Porra, Dog, o cara ainda tá lá...", Possmoser disse apontando pro homem das neves. "E veja o que ele tá fazendo...", meu amigo aponta discretamente.

A surpresa dessa vez era que o sujeito estava se depilando no boxe. Isso mesmo. Depilava as pernas, os braços, um pouco dos sovacos, o peito. Soubemos, depois, que ele era o Pierre, o aluno mais vaidoso da Accademia. Seus banhos lá duravam muito. Além de se transformar, primeiramente, num perfeito homem das neves e de se depilar em seguida, o cara continuava no ritual: cortava as unhas; aparava as sobrancelhas, depois, as penteava; arrancava pelos das narinas com o uso de uma pequena pinça; passava inúmeros cremes pelo corpo; e terminava a higiene pessoal com ricos hidratantes e perfumes que inundavam toda a zona leste com odores sofisticados que eu não estava acostumado a sentir.

Às vezes, ele também se barbeava. Aí, demorava até mais. O sujeito se ocupava tanto do fino trato corporal que uma noite, já ao fim de todas as aulas, fecharam a Accademia e esqueceram Pierre lá. Quando o vaidoso se deu conta de que estava preso, gritou pelo seu Caronte, mas o nosso colega estava na hora da janta e comendo na padaria. Pierre entrou em pânico, esmurrava a porta gritando socorro a plenos e saudáveis pulmões de bom nadador que era. Só foi salvo uns quarenta minutos depois quando o seu Caronte voltou da rua. Como ficara suado de tanto nervoso, ele pediu pra tomar um novo banho... Esse asseado amigo do cloro até apareceu no *Sem chuteiras...* Mas vamos falar de outras inesquecíveis figuras do cotidiano do cloro.

Um dia, ao chegar na área das ergométricas, encontrei Hermes pedalando.

"Oi, Hermes, beleza?"

"Foi, Fog, fufo fem?"

Nosso colega, vocês não devem ter esquecido, tinha quebrado o nariz na piscina e ainda se recuperava entre ataduras. Alguém entra em cena:

"Oi, pessoal. Beleza, Dog? Tudo bem, Hermes?"

"Beleza, Héracles", respondo.

"Fefefa, Féfafles", Hermes responde.

Héracles, o mais popular instrutor de musculação que havia por lá. Em hibope, não competia diretamente com o Eros porque um era da natação, o outro da musculação. Mas Héracles era o segundo mais querido pelas crianças da escola, independentemente da especialização. Era, também, o segundo mais desejado pelas mães dessas crianças. Ele era legal, contava cada história... A mais engraçada foi aquela em que, recém-casado, nosso musculoso amigo saiu pra tomar umas, ficou bêbado e perdeu a aliança. Fala pra gente, Héracles:

"Minha mulher, óbvio, quis me matar. Então, mandei fazer, sem que ela soubesse, duas alianças. Uma, eu uso sempre; a outra, mantenho em local secreto e seguro. Caso perca novamente a argolinha, tenho outra pra repor sem falar nada pra ela."

Ninguém superava o cara em repertório de histórias engraçadas. Tinha, porém, outro instrutor de natação que quase se igualava a ele, o Fauno. Vou pedir pra ele contar uma história dos tempos da faculdade de educação física. Vai lá, Fauno:

"Então, tinha um cara que estudava comigo e que era um puta dum folgado. A gente tinha de fazer todos os trabalhos e pôr o nome dele. Depois, descobrimos que ele tratava a mulher que nem uma empregada. 'Minha mulher faz tudo por mim, até a minha mochila ela arruma e desarruma. Põe a toalha pra secar, lava a cueca etc. No outro dia, ela prepara tudo de novo antes de eu sair...', dizia ele se gabando. Aí a gente pensou: 'Se o cara não arruma nem desarruma a mochila, vamos aprontar uma com ele.' Então, um colega comprou uma revista pornográfica, dessas bem explícitas, com uma cena de sexo oral já na capa. Sem que ele visse, colocamos o exemplar na mochila do cara e... batata! A mulher dele, quando foi desarrumar as coisas, descobriu a revista. O folgadão disse que ela quase o matou. Passou o resto do ano tentando descobrir quem tinha feito a sacanagem... A mulher dele nunca mais arrumou as coisas do folgado."

"Ahhh, que gostooooosa aquela mina que tava nadando com a gente lá na aula!!!!!", alguém grita no vestiário da Accademia.

"Cara, cara, fala baixo... é que...", outro alguém tenta impedir o primeiro de falar daquele jeito.

O que gritava "gostooooosa" é outro amigo de cloro, um dos caras mais engraçados da Accademia; a gente já falou um pouco sobre ele. O sujeito era sósia do Ian Curtis, do Joy Division. Só que com as evidentes vantagens de ser mais divertido que o cantor inglês e de não demonstrar, como o britânico, tendências ao trágico e inclinações suicidas (pelo menos parecia...). Vamos chamá-lo de Ian Curtis. Entra outra personagem em cena:

"Essa menina, a que você chamou de gostosa... pois é... ela é minha filha."

Este é o pai da moça que o Ian, aos berros, chamava de gostosa. Primeiramente, nosso amigo pediu desculpas. Em seguida, foi completamente ignorado pelo homem. Depois de um tempo, tanto a garota quanto o pai dela desapareceram da Accademia.

Ian era mesmo muito divertido, possuía repertório. Mas, como todo mundo, ele também vivia lá suas crises de criatividade. Vamos a um exemplo. Ele dizia que a mulher mais boazuda da firma dele era casada com um japonês, também empregado na mesma empresa. Ian tinha uma teoria sobre os japoneses. Detestava todos eles. A palavra é dele, agora:

"Todo japonês tem pinto pequeno. Todos, inclusive aquele filho da puta do trampo..."

Como veem, um clichê muito aquém da capacidade humorística do nosso amigo, tão anunciada por mim anteriormente.

Uma vez, estávamos nos trocando no vestiário quando um japonês, que nunca tínhamos visto, apareceu, se despiu e foi pra ducha. O cara era baixinho, coisa de um metro e meio, no máximo. Só que, quando ele chegou ao chuveiro, um amigo gritou de lá:

"Noooossa, o japa é o perna de mesa. Olha o tamanho da benga!!!!!"

O japonês tinha um pinto enorme, gigante mesmo. Pôs por terra a teoria do Ian Curtis. Ele tentava se defender. Conta pra gente, Ian:

"Calma, pessoal, vocês não entenderam a teoria porque eu não expliquei de forma completa. Vejam só, ninguém olhou pro pé do japa, né? Pois é, eu olhei. O cara, mesmo baixinho, calça 42. Então taí a explicação. Todo japonês tem o pinto pequeno, com exceção daqueles que têm pé grande. A teoria vale pra brasileiros também, vejam como meu pé é grande..."

Segundo clichê piegas. Paciência...

Noutro dia, mais uma vez nos trocávamos no vestiário quando vimos uns tênis deixados num armário cuja porta estava escancarada.

"Nossa, vejam o tamanho dos tênis.", alguém apontou ao ver os calçados enormes.

"Puta que pariu!, deve ser 52 ou mais. Acho que mandaram fazer especial, é muito grande...", outro completou.

"Ah, meu", um terceiro de nós disse dirigindo-se ao Ian, "você disse que o pinto do cara depende do tamanho do pé. Então, o dono desse aí deve ter uma perna de mesa maior que a daquele japa".

De repente, nos demos conta de que apenas um chuveiro estava ligado. Fomos todos pros boxes pra espiar quem era. Acabando o banho, um cara de mais de dois metros de altura saiu da ducha. Ninguém o conhecia. Era imenso. Só que....

"Porra, vejam só, o cara tem um pinto ridículo... E não é nem japonês...", sussurrava um amigo.

"Cala a boca, ele pode ouvir", disse Ian quase soletrando.

Voltamos pra área dos armários. Todo mundo em silêncio. Daí, o gigante de pênis minúsculo chegou lá e começou a se trocar. Sentíamos vontade de dar risada. Então, Ian soltou uma que o redimiu das pieguices recentemente proferidas:

"Ei, cara", cutucou o ombro do gigante.

"Oi, que foi?", retrucou o desconhecido de mau humor.

"Esses tênis ali", disse apontando pros calçados enormes. "Então... eles não são seus, né? Tenho certeza de que não são..."

Vamos dar um salto no tempo. Aterrissaremos num momento distinto e no qual Possmoser e eu passamos a nadar em outra academia. No primeiro dia, fomos recepcionados da seguinte maneira:

"Gagnem, proftem, junctem! Djagt, djagt!", disse o instrutor que nos recebeu.

"Que porra esse cara tá falando, Possmoser? Num tô entendendo nada. É português mesmo isso?", cochichei.

"Sei lá, pensei que só eu não tava entendendo o que ele falava; acho que é romeno...", meu amigo respondeu também em voz baixa.

"Gagnem, proftem, junctem! Djagt, djagt!", insistia o homem naquelas palavras inacessíveis.

Primeiríssima coisa digna de nota no novo lugar: ninguém entendia direito o que aquele nosso instrutor falava. Talvez fosse pelo barulho do lugar ou, quem sabe, porque o sujeito tinha problemas de dicção ou pelos dois fatores.

A segunda coisa digna de nota foi o fato de as braçadas que dávamos nessa nova academia, em vez de serem do tipo 'slash', eram assim, ó: 'crash, crash, crash, crash'. É que o lugar era superlotado. As raias pareciam escadas-rolantes do metrô no horário de *rush*, de modo que ninguém conseguia nadar sem esbarrar no outro. É crash pra cá, crash pra lá. Horrível.

Dizem que a coisa estava tão feia que a diretoria da academia até pensou em contratar um juiz, dois bandeirinhas e implantar regras de falta e pênalti pra quando um aluno esbarrasse no outro. Então seria assim, ó: "crashhhhhhh". Com isso, ouviríamos: "Piiiiiiii, falta!", apitaria o juiz.

Teve um dia em que a densidade demográfica da raia 3 chegou a níveis insuportáveis, mais de 16 alunos. Daí, o instrutor, naquela sua particular linguagem, disse:

"Flokfen, jungtessem, askept"

Alguém conseguiu entender e traduziu pro resto das almas nas águas: "Pessoal da raia 2, juntem-se ao pessoal da raia 1".

Quando o pessoal da raia 2 foi encaminhado pra 1, o instrutor dividiu o povo da 3, a mais cheia até então. A situação melhorou um pouco, não fosse pelo fato de mais alunos da raia 2 chegarem atrasados pra aula, lotando o lado deles. Foi uma transferência de problema. Daí, os caras da 2 começaram a agitar que iriam fundar o "MSR — Movimento dos Sem Raia" e iriam invadir qualquer raia menos populosa.

Numa determinada ocasião, estava tomando banho nas duchas dessa nova escola, quando caiu xampu nos meus olhos. Ardeu pacas, tive de fechar e esfregar até melhorar. Quando ficou razoável e passei a ver novamente, tomei um susto. Lá estava o cara... E tomando banho no chuveiro em frente... Ele... um diretor da firma em que eu trabalhava na época... Sim, descobri que o alto executivo jogava bola na mesma academia que eu...

Sempre achei que os chuveiros dos vestiários das academias fossem os lugares mais propícios a se tornarem palcos de misérias humanas. Devo admitir, agora, que esses locais também possuem a virtude de reunir em pé de igualdade – e pelados – um dos mais nobres membros da firma e eu, um degrau baixo da organização. Era o Céu e o Inferno no mesmo banheiro. Nos dias seguintes, no emprego, eu dizia a plenos pulmões:

"Eu vi o diretor peladão!"

Todos olhavam chocados, pediam pra eu explicar e, óbvio, surgiam aqui e ali piadinhas sobre a minha orientação sexual. Eu não me alterava e me limitava a dizer:

"Calma, gente, não é nada do que vocês estão pensando..."

E parava por aí. Dava a todos o benefício da dúvida...

Uma última história dessa nova academia. Existia uma balança dentro do banheiro. Sim, uma balança pra que os alunos pudessem se pesar antes e depois das aulas, aferindo, assim, se perderam peso ou não. Teve um sábado em que eu encontrei um gordinho se pesando lá. O cara já estava pronto pra nadar: vestia calção de banho, touca, óculos e mantinha uma toalha em volta do pescoço. Fomos pra aula, nadamos e, quando acabamos, retornamos pro vestiário. O gordinho foi todo eufórico se pesar. Subiu na balança, toalha de novo no pescoço e tudo o mais, olhou o resultado da pesagem e... desanimado, deixou escapar:

"Poxa, nem um grama a menos..."

Então, tentei ajudar, dizendo a ele:

"Por que você não tira esta toalha do pescoço? Pode ser que diminua o peso..."

O gordinho não respondeu. Apenas olhou pra mim com a cara mais triste do mundo...

A COMPETIÇÃO SÓ COMEÇA ÀS 15 H. VAMOS COMER ALGUMA COISA ANTES.

Dias de glórias (poucas) no cloro da Accademia e nos de outras piscinas

Estávamos no final do nosso primeiro ano no cotidiano do cloro quando aconteceram os fatos que vou passar a contar. Possmoser e eu nos trocávamos no vestiário da Accademia, iríamos pra mais uma aula, quando:

"Que merda é aquela, Possmoser?", pergunto apontando pra um cartaz

"Sei lá... tá escrito 'Favor não reservar os chuveiros (A Direção)'. Vamos perguntar pro seu Caronte".

Então, chamamos o nosso velho companheiro e eis o depoimento dele:

"Os donos da Accademia mandaram eu pôr esse cartaz aí. É que a maioria das duchas não esquenta mais. Uns malandros de uns alunos, sabendo disso, chegam pra aula e colocam a toalha em cima da torneira dos poucos chuveiros que ainda funcionam direitinho e vão pra a aula. Quem passa, acha que o lugar já tá reservado e que o cara que reservou foi pegar alguma coisa que esqueceu na bolsa e já volta. Daí, eles sempre tomam banho nos chuveiros que esquentam. Temos só uns dois ou três funcionando bem... Teve uns outros alunos que descobriram e foram reclamar pros donos pra eles consertarem o resto das duchas. Só que os chefões falaram que não iam fazer porra nenhuma. Depois, pediram pra eu escrever esse cartaz aí..."

Bom, depois desse relato, partimos pra aula. Quando chegamos à piscina, fomos surpreendidos:

"Nossa, o que é aquilo, Possmoser?"

"Sei lá, uma rede, acho. Vamos perguntar pra Hidra o que vai rolar aqui hoje?"

Ele foi até a instrutora, que nos explicou:

"Hoje é aula de recreação. Daqui pra frente, uma vez por mês, liberaremos um dia pro pessoal jogar vôlei aquático."

Vôlei aquático... Imaginem a cena: uma piscina cheia de marmanjos e marmanjas; dividindo o espaço, uma rede de vôlei toda desfiada e esburacada. Nós jogávamos com uma velha bola azul de um plástico todo ressecado – a coitada não era mais redonda, mas, sim, ovoide. No teto da escola, buracos permitiam que correntes de ar desviassem a direção da gordinha, dificultando o jogo e fazendo com que 97% dos saques saíssem errados. Em termos técnicos, não conseguíamos fazer com que a bola ficasse no ar muito mais que 40 segundos, consequentemente, as partidas duravam pouco mais que 10 minutos. As derrotas do nosso time cresciam em proporções aritméticas impossíveis de serem reproduzidas neste texto sem que tenhamos algum recurso logarítmico pra nos ajudar.

Quando aquela aula de recreação acabou, a Hidra gritou:

"Pro chuveiiiiro, poooooooorra!! Ahhh, um recado: não se esqueçam de que daqui a duas semanas tem o torneio de fim de ano. São 5 reais de inscrição e todo mundo tem direito a medalha. Informações com o professor Eros."

Realizada no último fim de semana antes do recesso de férias de dezembro (sim, a Accademia dava férias coletivas pros empregados), a competição, em linhas gerais, consistia no fato de as crianças levarem as famílias pra assistir aos torneios. Os pais, todos de ressaca, disfarçadamente flertavam com as mães das outras crianças. Todas as mães, por sua vez, paqueravam o professor Eros. Os instrutores da Accademia, de saco cheio, não viam a hora de tudo acabar. Nós, os alunos mais velhos – desajeitados e canastrões –, íamos lá pra perder as provas e bancar os ridículos.

No dia do evento, Possmoser e eu, devidamente inscritos, chegamos ao local das provas com certa antecedência: "Ei, são 11h30 e as atividades só começam às 15h", disse a moça da recepção da Accademia.

"Porra... E agora, Possmoser? Que vamos fazer até esse horário? Você não disse que a competição era ao meiodia?", eu pergunto.

"Devo ter me enganado, Dog. Que merda... Bom, vamos comer alguma coisa antes, então."

"Comer? Tá louco? Comer e depois nadar?"

"É, qual o problema? Tá cedo...", ele argumenta. "Vamos comer alguma coisa leve, tipo um café e um salgadinho... Só pra matar o tempo..."

Duas da tarde. Sobre a mesa do bar, oito garrafas de cerveja (vazias), pratos com restos de dois frangos a passarinho rodeados por sobras de batatas fritas.

"Porra, Possmoser, esse era o café com um salgadinho?", eu arroto ao perguntar.

"Esquenta não, vamos embora", Possmoser replica.

"Embora? Eu vou nadar de qualquer jeito, quero participar do campeonato... Meu primeiro torneio...", insisto com um tom orgulhoso, talvez produto do pileque recente.

"Aos seus lugares", soa a voz do juiz. Neste momento, todos nos preparamos pra competir. O grande lance era dissipar o nervosismo, tomar lugar na raia e não olhar pros lados; quanto menos se visse os demais adversários, melhor. "Preparar", esse é o sinal pra curvar o corpo e nos posicionar pro salto. "Piiiiiiiiiiiiiiiiiii", pronto, o apito anuncia a largada da nossa primeira e inesquecível competição de natação. Tchuááááááááátchabuuuuuuuuummmmmm!!!!!: essa é minha barriga cheia batendo pesadamente na água. Eu afundo imediatamente. Demoro uma eternidade pra emergir. Slash, slash, s-l-a-s-h... puf, puf, puf... Nadar é difícil, competir, mais ainda. Agora, vocês não imaginam como é árduo fazer essas duas coisas com frangos, batatas fritas e várias cervejas no bucho. Slash, slash, s-l-a-s-h... Sinto-me com uma tonelada. Como será que está o Possmoser, eu penso enquanto tento olhar pras outras raias; mas não vejo ninguém. Devo estar em último lugar.

Fiquei imprestável quando cheguei, enfim, ao outro lado da piscina. Ainda bem que acabou... Na hora da entrega das medalhas, a voz no microfone ecoa: "Categoria masculino, adulto, nado livre: Dog!". Seguem-se palmas cínicas e desinteressadas por todos os cantos.

"Caramba, Dog, pegou primeiro lugar?", pergunta Possmoser.

Desconfiado, vou lá receber minha medalha. Em seguida, a voz no microfone anuncia: "Possmoser!"

"Porra, cara, pegou segundo lugar?", eu me animo.

"Não", responde uma voz desconhecida.

"O quê?", viro-me pra quem falou. Descubro que era um outro aluno. Ele prossegue:

"Vocês chegaram em último e penúltimo... Eles estão chamando de trás pra frente. Esse campeonato é uma marmelada, todo mundo ganha medalhas, até vocês, os últimos. Basta pagar a inscrição..."

Havia, também, disputas entre academias. O funcionamento era semelhante ao das competições internas, com a diferença de que, obviamente, as contendas envolviam mais escolas e eram realizadas em vários e diferentes locais, às vezes, públicos. Eu participei de um monte de campeonatos desses, não ganhei nenhum. Vou relatar dois desses torneios por serem os mais expressivos da minha jornada de competidor. O primeiro deles foi na piscina do Ibirapuera. Ela é enorme. Os caras chamavam o lugar de "banheira do King Kong".

"Aos seus lugares", soa a voz do juiz do campeonato. Logicamente estou lá, sem olhar pros lados, sem encarar meus adversários, nervoso e antevendo uma fatalidade. "Preparar", dobro o corpo. "Piiiiiiiiiiiiiiiiiii", pronto, não há mais como voltar.

Tchuááááááátchabuuuuuuuuummmmmm!!!!: o tradicional baque dos corpos contra a água. Salto errado, dou uma barrigada e, com o impacto, meus óculos arrebentam bem no meio dos olhos. Um pedaço de plástico perfura meu nariz. Slash, slash, ai, ai, ai... Sinto o corte arder. Os slashes vão ficando cada vez mais fracos. A dor cada vez mais forte. Chego em último lugar – sangrando e envergonhado...

Bom, esse foi o relato completo do primeiro dos dois mais relevantes campeonatos entre academias. Falar do próximo? Bem, vamos deixar pro final. E, por falar nisso, ocorre-me, agora, reportar a derradeira agonia da Accademia...

Declínio e fim do cotidiano do cloro e da Accademia

Eu acabaria por deixar a Accademia após uns bons sete ou oito anos. Possmoser saiu um pouco antes. Depois da nossa partida, a escola resistiria por mais algum tempo. Até onde eu pude acompanhar, outra academia de natação, totalmente diferente, ocupou o mesmo prédio. Mas, hoje, confesso não saber se naquele lugar ainda há uma piscina. Na verdade, perdi o interesse em acompanhar notícias da nova escola. Pra nós, o cotidiano do cloro foi algo único e que não seria mais repetido ou voltaria, mesmo que eu não tenha parado de nadar desde então.

Possmoser e eu não deixamos a Accademia por causa da decadência em que se encontrava a nossa pobre instituição. Não, nada disso. Nós saímos de lá porque mudamos de nossos respectivos bairros e viemos pro centro da cidade. Ficou difícil morar longe da Accademia e ainda assim continuar a frequentá-la. Foi, portanto, uma pura e simples questão prática, logística pra usar um jargão. E olha que eu, por quase seis meses depois da minha mudança, mesmo estando longe, morando no Centro, ainda insisti e continuei presente no cotidiano do cloro. Mas foi ficando cada vez mais complicada a situação... Então, eu acabei abandonando de vez a Accademia... A última história relevante que tenho de lá ocupará a brevidade deste capítulo.

Eu havia mudado meu horário de natação, passei a ir de manhã, antes de trabalhar. Numa sexta-feira de um inverno bastante forte, chuviscando e ventando muito, cheguei, entrei no vestiário e tomei um susto: tinha um cara dormindo lá (e não era o seu Caronte). Voltei pra recepção pra perguntar quem era o sujeito. A menina disse que era um novo faxineiro, contratado em regime temporário porque o seu Caronte entrara em férias. Ela falou que eu poderia acordá-lo, afinal, já estava na hora de ele começar a trabalhar.

"Errr, amigo, bom dia", eu dou dois toquinhos no ombro dele, o cara roncava muito.

"Uahhhhhh...", ele boceja quando, finalmente, acorda.

"Bom dia", eu insisto.

Então, espreguiça-se, fica de pé, estala os dedos e o pescoço, boceja mais umas vezes e senta-se no banco onde estivera dormindo até então. Ao fazer isso, solta um arroto bem grave e dois peidos bastante altos. Envergonha-se por um instante:

"Desculpa, aí, colega... Acho... acho que ainda estou bêbado...".

Depois de dizer isso, ele torna a deitar no banco de madeira e permanece lá de olhos abertos. Enquanto isso, comecei a me trocar pra aula. Vesti, na sequência: calção, touca, óculos e... pijamas. Sim, pijamas... Sem que eu reparasse, o substituto do seu Caronte, observando tudo, disse:

"Ei, você vai nadar de pijamas?"

"É... vou sim...", respondi meio encabulado. "Hoje é o dia dos pijamas..."

Ele riu, virou-se e dormiu de novo. Fui pra piscina.

"Bom dia, Minerva", eu cumprimento.

"Bom dia, Dog", ela responde.

Ela era a instrutora que dava aulas na parte da manhã. A palavra é sua, professora:

"A Accademia tem sido sucateada pela falta de investimentos. Tá tudo em péssimo estado por aqui, o que afugentou muitos alunos. As aulas têm sido pouco frequentadas e os que ficaram estão muito tristes. Pra ver se melhorávamos o astral da moçada, inventamos o lance do 'Dia dos pijamas', que é uma data em que todos os alunos deveriam vir nadar vestindo pijamas. A ideia foi infeliz, ninguém veio. Ou melhor, somente o Dog apareceu pra nadar a caráter. Eu até perguntei se ele não preferia voltar pro vestiário e deixar os pijamas lá. Ele disse que tinha comprado a roupa especialmente pra aquela aula e que iria usar assim mesmo. Coitado..."

Aí, vocês imaginem a cena de verniz melancólico: eu, sozinho na piscina, dando meus slashes matinais... usando pijamas. Slash, slash, slash (pijamas, pijamas, pijamas)... Nadar de pijamas, naquela sexta-feira, foi meu canto de cisne, por assim dizer, na Accademia. Alguns meses de resistência depois, eu estaria longe de lá...

Mas pra que vocês, leitores, não fiquem com essa imagem triste na memória, não deixarei esse momento encerrar o cotidiano do cloro. Pra contrastar com a depressão das minhas braçadas solitárias vestindo pijamas, vamos terminar com algo mais alegre, que chamarei de...

O clímax da competição e a saudade que ficou da Accademia

Um dia, saindo da aula, o professor Eros me chamou e disse:

"Dog, seu nome não está na lista de participantes do 'Campeonato Afro-Brasileiro de Natação'. Não vai?"

"Poxa, Eros, até queria ir, só que estou com o pé machucado."

"O que aconteceu?"

"Estava em férias, fiz umas caminhadas no mato e voltei com o pé cheio de bolhas."

"Ahhhhh, para de manha. Dentro da água, isso aí nem dói... Faz uma forcinha, meu, precisamos de participantes... Vamos lá! Vai ser legal."

"Bom, vou pensar... Pode ser que até lá eu melhore", respondi insistindo no problema das bolhas no pé.

Não melhoraria... Mas acabei decidindo ir assim mesmo... Eis, então, a minha segunda mais expressiva participação num campeonato entre academias.

Domingo de manhã, dia do tal torneio. Meu pé continuava cheio de bolhas. O evento ocorreria numa piscina pros lados da Barra Funda. O lugar era enorme, aberto e tinha gente pra burro. Acho que foi o campeonato mais movimentado em que eu já estivera. Chegando e vendo aquele mundo de gente, amarelei completamente. Quis desistir, mas Eros me convenceu a ficar:

"Calma, Dog, basta não olhar pros lados, não encarar nenhum competidor na hora de se posicionar e, quando o apito soar, nadar como sempre", ele disse, repetindo aqueles conselhos de praxe.

Mesmo com essas palavras de confiança, tive um pressentimento de que o fim seria diferente e muito mais ruim do que das outras vezes. Talvez, por causa do pé machucado, fiquei procurando desculpas pra se algo desse muito errado; pensava comigo mesmo: "Se eu passar vergonha outra vez, tudo bem, estou machucado, fora de forma, afinal, acabei de voltar das férias... o que vale é competir". Essa autoajuda não serviu. Amarelei mais ainda quando vi que havia redes de TV cobrindo o evento, competidores africanos participando, um monte de gente falando em outros idiomas. Entrei em pânico, sofri até a hora de chegar minha vez de nadar. Então, ao ouvir o tradicional "Aos seus lugares", por causa das bolhas, fui mancando até o pedestal de mergulho.

"Não olhe pros lados, Dog. Faça o que o Eros disse, não encare os outros competidores. Concentração, homem..."

"Preparar."

Subo, me posiciono e curvo o corpo. Penso:

"Tudo bem se eu não nadar legal hoje, estou com o pé machucado...", ia maquinando novamente essas desculpas. "Meu Deus, quanta gente... Não olha pros lados, seu mané!, quer amarelar?"

Consegui não encarar nenhum competidor. Sabia, antecipadamente, que a prova seria disputada por oito nadadores. Quando pisei no pedestal de mergulho, senti uma dor forte no pé – talvez uma das bolhas tivesse estourado... Eu tentei me equilibrar, mas... Tchuáátchabuuuumm! Caí na piscina...

A vaia foi geral. Eu ouvia um monte de assovios e risadas... Alguém disse da arquibancada: "Rssss, vai lá, Rubinho da água!!!!".

Pronto, tudo que não poderia acontecer aconteceu: queimei a largada. De tanto ficar pensando nas bolhas, acabei derrotado por elas... Então, de repente, em vez de me resignar e sair da competição, senti coragem... Decidi falar com o juiz, tentar convencê-lo a me dar uma segunda chance. Fui lá, falei pra ele o lance do pé machucado, mostrei as bolhas e tal. Consegui convencê-lo. Então, tudo de novo:

"Preparar, aos seus lugares."

"Nada de pensamentos covardes de novo, Dog!", afloraram ideias mais positivas, agora.

"Piiiiiiiiiiiiiiiiiii."

Tchuáááááááátchabuuuuuuuuummmmmm!!!!!

Algo inédito: pulei e mergulhei bem. Animado, comecei a nadar cada vez mais rápido. Slash, slash, slash, slash, slash, slash, slash, slash, slash, slash, slash, slash, slash, slash (irraaaaaaa, caramba, tô indo bem) slash, slash, slash, slash, slash, slash, slash, slash (e com pé machucado e tudo) slash, slash, slash, slash, slash, slash, slash, slash (poxa, tudo bem que eu não chegue em primeiro, mas acho que desta vez chego bonito do outro lado). Os meus pavores e vergonhas anteriores transformaram-se em garra: slash, slash, slash, slash, slash, slash, slash (sabe, vou até olhar pro lado desta vez, quero ver meus desafiantes). Então, todo orgulhoso, olhei pro camarada da raia ao lado. Não deu pra ver muita coisa além de que ele era um sujeito negro, forte e de braços enormes. As braçadas dele eram assim, ó: slaaaaaaaaaaaaaaaaaaaaaaaaaaaaaaaaaaaaaaaaaaaaaaa-aaaaashbummmmmmmmm!!!!!!! (do tipo "longuíssimo alcance").

Slash, slash, slash, slash, slash, slash, slash, slash, slash (meu Deus, que é isso???). Slash, slash, slash, slash, slash, slash, slash (será o próprio Acqua-Afro-Man?). Slash, slash, slash, slash, slash, slash, slash (ahhhhh, a guerra agora é entre nós!!!).

Já não me importava mais com os outros nadadores, a batalha era entre a gente: o Acqua-Afro-Man e o seu slaaaaaaaaaaaaaaaaaashbummmmm!!!!!!!!, e eu, nos meus modestos, mas agora competitivos e sedentos por vitória, slash, slash, slash, slash, slash, slash, slash, slash, slash (ahhhhh, como doem meus braços; faça uma força, Dog, só mais um pouquinho...) slash, slash, slash, slash, slash, slash (caralho, não vai dar...). Foram os segundos mais intermináveis da minha trajetória de nadador humilhado. Eu tinha de chegar antes dele, tinha! Então, o desenrolar foi assim:

Ele:

slaaaaaaaaaaaaaaaaaaaaaaaaaaaaaaaaaaaaaaaaashbummmmmmmmm!!!!!!

Eu:

Slash, slash, slash, slash, slash, slash, slash, slash, slash (mais um pouco, cara, mais, mais...).

Nas últimas braçadas, eu já era o homem-elástico de tanto que me esforçava pra alongar os braços. Então, os lances decisivos:

Ele:

slaaaaaaaaaaaaaaaaaaaaaaaaaaaaaaaaaaaaaaaaashbummmmmmmmm!!!!!!!!

Eu:

Slash, slash, slash, slash, slash, slash, slash, slash, slash, slash, slash, slash, slash, slash, slashhhhhhhhhhhh, cof, cof, cof... puf, puf, puf...

Terminamos...

Os aplausos foram emocionantes – mesmo que não fossem pra nós. O Acqua-Afro-Man e eu, ainda assim, nos sentíamos os verdadeiros vitoriosos. Ainda dentro da piscina, fui até ele pra cumprimentá-lo.

"Meus parabéns, você nadou muito bem, chegou em quinto e eu em sexto. Chegamos quase juntos, coisa de milésimos", ele disse enquanto trocávamos apertos de mão.

"Pode considerar que chegamos juntos. Foi empate. Não faz diferença", respondi todo diplomático.

Fiquei satisfeito. A minha melhor competição, mesmo que fosse quinto lugar, pensava, enquanto me dirigia pra borda a fim de sair. Então, vi algo que me assustou. Fora da piscina, dois caras de branco, aparentando ser enfermeiros, estavam em pé, segurando um par de muletas. "Nossa, de quem serão?", fiquei imaginando. Foi quando me lembrei de que a competição tinha como lema a integração de deficientes físicos, afrodescendentes, todo mundo, enfim. Ou seja, a organização fez questão de misturar nadadores de diversas procedências – em especial, africanos e afrodescendentes –, assim como não fazer objeções a quaisquer condições físicas adversas entre os participantes. Uma farra pra todos, assim dizendo.

Em seguida, vi o Acqua-Afro-Man pegar aquelas muletas. Meus cabelos ficaram eriçados a ponto de parecer que iam furar a touca de tanto assombro. "Meu De-Deus, o cara só tem uma perna... Nem tinha reparado... E... e eu me queixando de umas bolhas no pé."

Como pouco olhei pros lados, não vi que aquele competidor tinha apenas uma perna. "Penei pra ganhar dele... e o cara só tem uma perna... como sou idiota...", rio de mim mesmo.

De repente, a sensação de surpresa total se transformou em imensa alegria. E a felicidade virou celebração quando a organização do evento convidou todos nós a entrar na piscina pra uma sessão de fotos. Foi o maior tchuááááááááá-tchabuuuuuuuuummmmmm!!!!! da história.

Bem, a jornada no cloro termina aqui. Um pouco depois, como disse, eu tive de trocar de escola. Foram bons anos aqueles do nosso cotidiano das raias. Época em que pude comprovar, ao aceitar toda aquela nossa decadência, que o esporte poderia, sim, ser uma imensa palhaçada e, ao mesmo tempo, saudável e amigável. Há mais de vinte anos eu nado ininterruptamente, mas a Accademia foi ímpar nessa minha trajetória. Éramos, todos nós: Possmoser, eu, Eros, Hidra, seu Caronte, Ian Curtis e tantos outros derrotados e vencedores... Ou melhor, nós éramos (e ainda somos, assim espero) farristas... Hoje, eu penso naqueles tempos com enorme afeto, tendo a certeza de que a Accademia prolongou um pouco o meu anti-heroísmo do esporte amador – que começou em campos de várzea, prosseguiu em um tanque construído com amor pelo meu pai e em cujo espaço colocávamos água, que minha mãe cuidava com cloro e outras providências, tudo em uma época simples das nossas vidas quando o que de fato importava era aproveitar tudo de que dispúnhamos da melhor forma possível. E as coisas, agora, repousam em paz, finalmente... O tanque, a Accademia, enfim, aquela irreverência – primeiro, em Guaianases; depois, na nossa inesquecível decadente primeira escola de natação. Assim mesmo, com amor, nós nadamos e convivemos no cotidiano do cloro. E que bom que foi tudo aquilo.